Ele é
MEU

Marie H. Browne e
Marlene M. Browne

Ele é MEU

Como segurar seu homem
e livrar-se da concorrência

Tradução de
Rosemarie Ziegelmaier

Ediouro

© 2007 by Marie H. Browne e Marlene M. Browne

Todos os direitos reservados àEdiouro Publicações Ltda., 2009

Coordenação de produção: Daniele Cajueiro e Cristiane Marinho

Produção editorial: Ana Carla Sousa

Capa: Valter Botosso Jr. Design

Ilustração: Estúdio Ilustranet

Preparação de texto: Márcia Duarte

Revisão: Flávia Midori e Rachel Rimas

Diagramação: Trio Studio

CIP-BRASIL. CATALOGAÇÃO NA FONTE
SINDICATO NACIONAL DOS EDITORES DE LIVROS, RJ

B898e
 Browne, Marie H.
   Ele é meu : como segurar seu homem e livrar-se da concorrência / Marie H. Browne e Marlene M. Browne ; tradução Rosemarie Ziegelmaier. – Rio de Janeiro : Ediouro, 2010.

   Tradução de: You can't have him, he's mine
   Apêndices
   ISBN 978-85-00-33036-0

   1. Casamento. 2. Relação homem-mulher.. 3. Comunicação no casamento. 4. Casamento - Aspectos psicológicos. I. Browne, Marlene M. II. Título.

10-1186. CDD: 646.78
          CDU: 392.3

18.03.10   25.03.10   018141

Texto estabelecido segundo o Acordo Ortográfico da
Língua Portuguesa de 1990, em vigor no Brasil desde 2009.

EDIOURO PUBLICAÇÕES LTDA.
R. Nova Jerusalém, 345 – Bonsucesso – Rio de Janeiro –
RJ – CEP: 21042-235 Tel.: (21) 3882-8200 – Fax: (21) 3882-8212/8313
www.ediouro.com.br / editorialsp@ediouro.com.br

"Não há nada mais nobre ou mais admirável que quando duas pessoas que se olham nos olhos guardam sua casa como marido e mulher, confundem os inimigos e encantam os amigos."

Homero, 800 a.C.

DEDICATÓRIA

Dedico este livro aos meus pais, já falecidos, que me ensinaram as lições da vida. Ao meu marido, que conheço desde a infância, pois, até hoje, após longa jornada em comum, ainda damos muitas risadas e apreciamos a companhia um do outro.
À minha filha e ao meu genro, que iluminam meus dias mais difíceis.
E, claro, a todos os meus pacientes, sem os quais este desafio não teria se tornado realidade.

SUMÁRIO

Introdução   11

PARTE 1 – A QUANTAS ANDA SEU CASAMENTO?

Capítulo 1 – Seu parceiro está feliz?
Trair e coçar...   16
A Pirâmide de Maslow   23
Bons hábitos conjugais   29

Capítulo 2 – A tempestade se aproxima
Sinais de infidelidade   37
Problemas à vista   42
Mudanças na rotina   44
Objetivos distintos   46
Revolução na conta bancária   47
Pedido de ajuda   48

PARTE 2 – TENTAÇÕES E ARMADILHAS MAIS COMUNS

Capítulo 3 – O "mercado" de homens e mulheres
Por que ela quer o seu homem?   49
O perigo mora ao lado   52
Paixões antigas e oportunidades novas   58
Os papéis de cada um   60
A "outra" é um homem   62
Amantes temporárias   63

Capítulo 4 - Como funciona a mente da sua rival
Transtornos mais comuns — 70
Amantes narcisistas — 71
Amantes borderliners — 73
Amantes antissociais — 76
Amantes psicóticas — 78

Capítulo 5 – Onde mora a tentação
Oportunidades no trabalho — 82
Viagens profissionais — 91
Forma física — 92
Perigo dentro de casa — 93
O mundo da internet — 94

Capítulo 6 – O que diz seu espelho?
Um arranjo positivo — 99
Autoconhecimento — 102
Maridos narcisistas — 108
Maridos borderliners — 109
Maridos psicopatas — 111
Qual a sua parte? — 112

PARTE 3 – O PODER DA ESPOSA

Capítulo 7 – Vantagens de ser "a" esposa
O que você deve combater — 119
Benefícios duradouros — 122
Interdependência conjugal — 124
A questão da atenção — 125

Capítulo 8 – Um casamento na UTI
Como lidar com a infidelidade — 131
Contabilizando os danos — 133
Confronto com o marido — 136

Lições do episódio	138
Contato direto com a "outra"	142
Tipos de infidelidade Parte I	143
Tipos de infidelidade Parte II	146
Hora de procurar um terapeuta	148

Capítulo 9 – As prerrogativas da esposa

Em busca de aliados	155
Conversa franca	159
Solução à vista	162
Virada no jogo	164

Capítulo 10 – O esforço vale a pena?

Você quer mesmo continuar com ele?	167
Profissionais abordam as possibilidades	173
O fator "ex"	177

PARTE 4 – COMO ESSA HISTÓRIA VAI TERMINAR?

Capítulo 11 – Hora do resgate

O custo do desgaste	182
Danos à alma	185
Um pouco de fé	187
Como fugir da depressão	188

Capítulo 12 – É possível perdoar?

Em busca de algo novo	191
Uma porta se abre	193

Capítulo 13 – Juntando os pedaços

O que dizem as pesquisas	201
O poder da percepção	204
Amigos para sempre	209

Apêndice A – Escala do amor   211

Apêndice B – Mecanismos de defesa do ego   214

Apêndice C – Envolvimento sexual   217

Apêndice D – Avaliação de retenção do parceiro   220

INTRODUÇÃO

As estatísticas sobre infidelidade são assustadoras. De acordo com um artigo publicado no *Journal of Couple & Relationship Therapy*, chamado "Cybersex: the new affair treatment considerations" [Cybersex: considerações sobre o novo caso amoroso], estima-se que entre 15% e 60% dos maridos traem as esposas. Se seu marido está nessa amostragem, você não corre o risco de perder apenas o parceiro, mas também a autoconfiança e a fé que tem na instituição familiar.

No entanto, há boas notícias. Diversos estudos recentes revelam que casamentos felizes são menos sujeitos à infidelidade do que relacionamentos insatisfatórios, e que as parcerias consideradas realmente felizes estão quase fora de perigo. A estreita associação entre a satisfação conjugal e a fidelidade tem grande importância. Várias obras sobre o assunto publicadas até hoje se baseiam em dados ultrapassados (como amostragens pouco abrangentes, métodos de avaliação inconsistentes e relatos antigos), o que leva a crer que até as relações satisfatórias correm perigo. Se fosse assim, a mulher casada seria uma pobre vítima das circunstâncias, sem o poder de alterar o destino do seu casamento. Meus muitos anos de experiência como terapeuta familiar e de casal não me deixam acreditar nisso. Ao contrário, pude acompanhar como algumas táticas cuidadosas, vigorosas e conscientes, sem falar nas percepções psicológicas complementadas por métodos eficientes de comunicação e habilidade para solucionar problemas, podem ajudar a afastar o perigo representado pela "outra" — ou a recuperar o que é seu. Além da minha experiência como enfermeira e do meu título de Ph.D., os mais de 40 anos no magistério de psicologia e os 35 na orientação de casais à beira da separação por conta da infidelidade masculina (ou do dilema de um "triângulo amoroso") foram fundamentais para a minha decisão de escrever este livro. Contei com a ajuda de minha filha Marlene, advogada especializada em divórcios, a fim de partilhar os conhecimentos acumulados no que se refere a amor, casamento, proteção masculina e capacidade de perdoar e de recomeçar, sempre me baseando em exemplos clínicos que observei durante minha experiência profissional.

Com o objetivo de esclarecer teorias da neurociência, da evolução, da psicologia e da sociologia, você terá acesso a informações e recursos necessários para compreender as ações e motivações de seu marido, e também para avaliar as razões, as técnicas e as abordagens empregadas pela "outra". Ao perceber o que está por trás do impulso de "roubar" o marido de uma mulher, é possível identificar o perigo, saber quando o parceiro encontra-se mais vulnerável e, mais importante, saber como conduzir a situação por meio de medidas precisas para eliminar a ameaça conjugal que você percebeu ou que seu próprio marido revelou. Como ficará claro após a leitura deste livro, uma mulher observadora que sabe como reagir é capaz de manter o controle antes que as verdadeiras ameaças se concretizem, blindando o relacionamento contra situações, perigos e oportunidades que podem surgir em determinados ambientes e tornar fértil o terreno para uma aventura extraconjugal.

Você pode se transformar em uma especialista em avaliar o parceiro e a qualidade do relacionamento no que se refere à vulnerabilidade. Este livro irá ajudá-la a avaliar o seu papel no casamento e a ter uma visão realista de sua atuação como parceira e companheira. Você terá os instrumentos para saber se sua conduta, consciente ou inconsciente, abre o caminho para tornar a infidelidade inevitável.

Por fim, apresentaremos algumas estratégias para recuperar a saúde do relacionamento, mesmo que a infidelidade do parceiro já tenha se consumado. Lembre-se de que, não importa quem é a "outra" ou o que ela faz, sempre é possível vencer o jogo — desde que você esteja preparada, atenta e disposta a recuperar o que é seu.

PARTE 1
A QUANTAS ANDA SEU CASAMENTO?

Capítulo 1 – Seu parceiro está feliz?

Como você logo descobrirá, tanto o envolvimento quanto a satisfação no relacionamento podem sofrer mudanças ao longo do tempo, seja para melhor ou para pior. Tudo na vida muda, e o que podemos fazer é aprender a lidar com isso. Ninguém permanece igual com o passar do tempo. Nos relacionamentos que se aprofundam com o tempo, os envolvidos crescem e evoluem. Resistir à força da mudança raramente surte o efeito desejado de "congelar" as coisas como gostaríamos que fossem. Por outro lado, aprender a administrar as transformações e os desafios inevitáveis (sua forma de amar e de expressar os sentimentos, por exemplo) pode ajudar bastante o casal a solidificar a intimidade ao longo dos anos. Por isso, talvez não seja demais relembrar os aspectos básicos da interação humana. A maioria das pessoas reage melhor a demonstrações positivas e afetuosas do que a sinais de sarcasmo ou de ataque, e provavelmente seu marido não é exceção (caso seja, talvez se enquadre em outros problemas apresentados nos capítulos finais). Consciente de que as pessoas preferem uma abordagem positiva a uma negativa, aprender a se expressar de maneira sincera, serena e atenciosa (ou seja, consciente e sensata) é uma lição que será repetida ao longo de todo o livro e um aspecto bastante valioso para o seu relacionamento.

Ter em mente esta preciosa regra vai melhorar a interação social, sobretudo com as pessoas mais próximas. Com uma exceção (vamos chegar lá), o desejo das mulheres é tratar o parceiro da forma como gostariam de ser tratadas. Os relacionamentos mais saudáveis ocorrem entre duas pessoas que acreditam que o amor vale a pena, que podem atribuir à relação algo único e especial e merecem o mesmo por parte do parceiro. O comprometimento mútuo (reconhecer que você merece ser amada e cuidada da mesma forma que seu companheiro) garante a autoestima do casal e fortalece o que os une. Afinal, todos gostamos da companhia de quem nos faz sentir valiosos, queridos e protegidos. Por isso, se no seu casamento essa regra não funciona, é preciso tomar cuidado. Se os aspectos que predominam são os sentimentos negativos, a disputa e a postura defensiva constante, seu parceiro está especialmente vulnerável a "ataques externos". Outra mulher pode perceber que um pouco de atenção e palavras doces bastam para surtir grandes efeitos, recorrendo a esses meios para atingir o ponto fraco de seu marido, quem sabe chegando até o seu coração.

Por isso, boa parte do que acontece no relacionamento do casal depende de como cada um se sente e se percebe em relação ao outro, tanto no aspecto individual quanto como parte de uma dupla. No livro, investigamos os fatores de felicidade do parceiro e os aspectos que você, esposa, talvez precise corrigir.

Trair e coçar...

Falando em um nível bastante básico, o grau de felicidade do seu parceiro — e também o seu, claro — depende da satisfação de algumas necessidades essenciais. Especialistas em relacionamentos de casais acreditam que a capacidade de cuidar um do outro é um aspecto fundamental. Outros itens podem parecer mais voltados a questões internas (Essa pessoa atende às minhas necessidades? Faz com que eu me sinta bem? Atende às minhas expectativas?). O cuidado com o parceiro, por outro lado, tem a ver com doar parte de si. É preciso demonstrar interesse às carências do outro, protegê-lo e ajudar a minimizar qualquer problema ou desconforto que ele precise enfrentar.

Embora o cuidado geral com o parceiro seja importante no relacionamento, a intimidade exerce papel ainda mais fundamental na hora de medir a satisfação com o relacionamento. Há mais de 25 anos, pesquisadores descobriram a estreita ligação entre a intimidade conjugal e a sexualidade. Nenhuma surpresa, não é? Na realidade, pesquisas mais avançadas revelam que as pessoas consideram o sexo parte essencial da intimidade, mas não a mais importante (o item ficou em terceiro lugar, perdendo para aspectos como proximidade e honestidade).

Os oito aspectos da intimidade conjugal, segundo o *Questionário sobre o nível de intimidade,* são:

1. Solução de conflitos: Trata-se da forma como um casal resolve os desentendimentos e as diferenças de opinião;
2. Afeto: Formas de expressar os sentimentos e o desejo de proximidade;
3. Coesão: União do casal, expressa pelo comprometimento e pelo valor atribuído ao casamento;
4. Sexualidade: Forma como os parceiros manifestam e satisfazem as necessidades sexuais dentro do casamento;
5. Identidade: Forma como cada um se sente em relação a si e ao outro (autoestima e autoconfiança);
6. Compatibilidade: Qualidade do tempo partilhado, seja em atividades profissionais, de lazer ou de descanso;

7. Autonomia: Grau de independência do casal em relação aos filhos e à família;
8. Expressividade: Abertura para expressar valores, objetivos, medos, opiniões, crenças e emoções dentro do casamento.

Embora existam casais felizes que não fazem mais sexo, posso afirmar, a partir de quase quatro décadas de experiência terapêutica, que isso não é comum. Geralmente, se existe satisfação em uma união sem contato sexual, outro fator mutuamente aceito justifica a decisão: a idade avançada ou a convicção de que uma doença, um tratamento médico ou um acidente impede a atividade sexual e o desejo. É possível também que o casamento se baseie em um tipo de amor que não envolva paixão ou erotismo — em vez disso, os parceiros acomodam-se por motivos de outra natureza, e a união sexual não faz parte do pacto do casal. Se a condição for aceita por ambas as partes, pode funcionar; mas, se um dos dois tiver necessidades que o outro não quer ou não pode satisfazer, aí começam os problemas, sobretudo quando há outra pessoa interessada em satisfazer essas necessidades. Para evitar a vulnerabilidade carnal, vale dar uma olhada no que os estudiosos descobriram sobre satisfação sexual e conjugal.

Embora na opinião dos casais estudados a satisfação sexual geralmente apareça com menos importância do que a intimidade, o problema é o fato de os homens identificarem a intimidade como uma consequência do sexo, enquanto as mulheres, em geral, encaram a relação do modo contrário — ou seja, para elas o sexo é consequência da intimidade. Um casamento feliz, com atividade sexual satisfatória, requer compreensão mútua e a consideração das necessidades e desejos de ambas as partes.

> **SEXO É BOM PARA O CORPO E PARA O RELACIONAMENTO**

De acordo com as pesquisas, além de estimular a intimidade, a atividade sexual faz bem para a saúde. Há comprovações de que o sexo reforça o sistema imunológico, reduz as dores e a insônia e amplia a sensação de bem-estar. Mas não se desespere se você nem sempre encontra disposição: de acordo com o dr. Legato, as mulheres "muitas vezes só sentem desejo sexual depois de estarem envolvidas na atividade". Por isso, apenas comece e aproveite os benefícios.

No entanto, minha experiência como terapeuta revela que, se as necessidades físicas mais básicas de um homem não forem atendidas, o casamento torna-se vulnerável à chegada de alguém disposto a satisfazer essa demanda. Muitos casos amorosos começam apenas como uma atração sexual, mas a biologia pode fazer sua parte e levar o homem a se sentir mais próximo da parceira de cama do que da esposa. Essa é uma situação que toda mulher pode evitar ao partir para uma abordagem aberta sobre as necessidades sexuais, levando em conta o nível de desejo do marido (nem sempre igual) e as expectativas de cada um no que se refere ao aspecto físico da união.

Sexualidade e comunicação

Quando um casal é capaz de abordar suas opiniões sobre sexo e discutir seus desejos físicos, na maioria das vezes consegue chegar a uma situação capaz de agradar aos dois. Ao contrário do que se pode esperar, os casais consideram sua vida sexual satisfatória quando sentem compatibilidade com o parceiro e reconhecem seu envolvimento na relação. A satisfação em geral não é medida por performance sexual, mas depende bem mais dos ajustes mútuos das vontades carnais e da frequência do contato. Esses ajustes, porém, exigem conexão e um canal aberto para a conversa.

Na verdade, a simples iniciativa de abordar as questões sexuais, em geral, reduz as preocupações do casal. Discutir um assunto significa explorá-lo e procurar uma solução. Os casais que conseguem conversar sobre sua vida sexual têm menos vulnerabilidade às ameaças externas do que os que se recusam (ou não conseguem) discutir o assunto, mesmo sabendo que um dos dois (ou ambos) não está satisfeito. Como você e seu parceiro encaram as discussões sobre sexo?

Em primeiro lugar, tente mapear o terreno. O que mudou em relação à época de namoro? Na ocasião, o casal já conversava sobre o assunto? Se a resposta for negativa, pense no que pode ser feito para incluir o tema nas conversas do casal. Se você realmente quer partilhar o que sente sobre sua vida sexual, terá de assumir sua parte na responsabilidade de mudar a situação. Caso opte por manter o assunto fora das conversas, estará escolhendo a permanência da condição, ou seja, impedindo a melhora. Porém, se manter seu casamento justifica a ampliação da zona de conforto para incluir a sexualidade do casal na discussão, em geral, o que se encontra é um homem bastante atento, disposto a ouvir e a fazer o que puder para melhorar o relacionamento. Ao reunir coragem ou motivação para falar sobre o assunto, avalie os fatores que contam a seu favor, como respeito mútuo, segurança emocional e aceitação do parceiro. Ao começar a conversa, explore aspectos como:

- Eventuais dificuldades com os aspectos físicos do sexo;
- Possíveis obstáculos psicológicos ou inibições quanto à satisfação sexual (crenças ou tabus religiosos, culturais ou relativos aos papéis de cada um etc);
- Prazer e habilidade (ou incapacidade) para atingir o orgasmo — algumas mulheres se preocupam demais com o resultado da relação e não conseguem apreciar o contato por si só;
- Fantasias e fetiches "proibidos";

- Sensação de culpa ou vergonha decorrente de experiências anteriores, como o abuso na infância, que pode afetar a forma de se relacionar sexualmente;
- Interesse em explorar posições, sensações e acessórios, tendo conhecimento de eventuais limitações físicas;
- Partilha aberta das preferências sexuais (fatores de estímulo para você e seu parceiro).

Se o problema não for incapacidade de discutir o assunto, mas sim uma queda ou o fim do desejo sexual, avalie as circunstâncias de sua vida. Você está em uma fase em que precisa cuidar de crianças ou bebês? Seu trabalho está muito estressante? Há outros fatores de desgaste, como doença, dependência dos pais ou dificuldades financeiras? Você guarda rancor por causa de desentendimentos em outros aspectos? Seja qual for a razão para a falta de harmonia sexual com o parceiro, é preciso encarar o problema e tentar solucioná-lo. Se for ignorado, um relacionamento sexual constantemente insatisfatório pode contaminar a relação conjugal e levar o marido a procurar em outras parceiras a realização que não encontra com a esposa. Lembre-se de que, em algum momento, seu parceiro escolheu viver ao seu lado. Mesmo que você tenha mudado com o tempo, as necessidades dele no que se refere a acolhimento, cuidado e sexo permanecem as mesmas. Você duvida disso?

Vejamos o caso de Alice e David. Depois de gastar cerca de 100 mil dólares submetendo-se a várias tentativas de fertilização *in vitro*, Alice engravidou e trouxe ao mundo o filho que o casal tanto queria. Após o nascimento da criança, Alice sentia-se cansada demais para a atividade sexual, mas David compreendeu e não a pressionou. Ele deu um tempo à esposa, não poupou esforços para ajudar nos cuidados com o bebê e preferiu ficar tranquilo, à espera de que as coisas entre eles voltassem ao normal. Embora jamais dissesse abertamente, a busca por sexo era o modo como David procurava o amor e o acolhimento de que precisava da esposa.

> **VOCÊ NÃO ESTÁ SOZINHA**
>
> Uma pesquisa sobre comportamento sexual e saúde, realizada nos Estados Unidos em 1994, revelou que o problema sexual mais apontado pelas mulheres era a falta de desejo (33% das entrevistadas) e a incapacidade de chegar ao orgasmo (24%). Entre os homens, o principal obstáculo era a ejaculação precoce (29%), seguido da ansiedade pelo bom desempenho (17%); em terceiro lugar foi apontada a falta de desejo sexual (16% dos entrevistados).

Os meses passaram, o bebê estabeleceu sua rotina, mas Alice ainda não se sentia disposta a fazer sexo com o marido. Tinha receio de se despir na presença dele e evitava dormir nua. Ela havia engordado na gravidez e, oito meses após o parto, ainda não tinha recuperado a forma. Resultado: sentia-se gorda, acima do peso e nada sensual. Sempre atlética, não estava acostumada a se ver com o físico de uma mãe recente. Até a gravidez, Alice via em seu corpo uma fonte de orgulho e de desejo para o marido, mas depois tudo ficou diferente. Como tivera parto normal, temia que David sentisse diferença na tensão vaginal. Embora jamais falasse abertamente, todos esses fatores a deixaram incapacitada de se relacionar com ele, que, por outro lado, sentiu-se posto de lado e se afastou. Sem reclamar da ausência de sexo, sentia-se infeliz e não compreendia por que Alice o rejeitava mesmo depois de o bebê passar a dormir a noite toda.

Acompanhei o casal em algumas sessões destinadas a recuperar a comunicação entre eles. Alice e David precisavam compreender o que estava acontecendo (o constante desejo que David sentia pela esposa e as falsas rejeições que ela mesma se impusera). Quando Alice entendeu o que o marido de fato sentia por ela, conseguiu aceitar seu corpo e o que este fizera por ela, pelo casal e pelo milagroso bebê. Embora ainda esperasse perder os quilos adquiridos na gravidez, Alice conseguiu se libertar para aproveitar sua sexualidade ao lado do marido (mais sobre a sexualidade dos casados no Capítulo 9).

Além da intimidade afetiva, do cuidado e da sexualidade, os homens têm outras necessidades. É importante conhecê-las a fim de manter a boa estrutura do relacionamento e deixá-lo livre dos "perigos" externos.

A Pirâmide de Maslow

De acordo com Abraham H. Maslow, "o homem é uma criatura que sempre deseja mais", e isso não vale apenas para o sexo. Se a teoria de Maslow sobre a motivação humana (embora seja impossível comprovar na prática, é bastante aceita pelos estudiosos) estiver correta, seu marido também tem uma hierarquia de demandas, das mais básicas às mais sutis, que todas as pessoas tentam satisfazer ao longo da vida. Em geral representada por uma pirâmide ou um triângulo, a teoria de Maslow coloca na base as necessidades mais primordiais, seguidas por níveis mais elaborados de satisfação.

Assim, a base da pirâmide reuniria as demandas humanas por satisfação fisiológica e biológica (alimento, água, abrigo, sexo e exercícios físicos). Sem atender a esse primeiro nível de demandas, as pessoas não perseguem as necessidades do nível seguinte, por exemplo. Como Maslow definiu em um estudo de 1943 chamado Teoria da Motivação Humana, na etapa básica, o ser faminto pensa apenas em conseguir alimento. "Ele sonha com comida, só se lembra de comida e deseja apenas comida... Liberdade, amor, senso de pertencimento a um grupo, respeito, filosofia, tudo isso fica em segundo plano enquanto ele não preencher as exigências do estômago. Pode-se dizer que este homem vive para comer."

Pirâmide das necessidades

Pirâmide com os níveis (do topo para a base):
- Transcendência / Autorrealização
- Sensibilidade estética / Busca de conhecimentos/experiências
- Autoestima/necessidades do ego / Afeto/sensação de pertencimento / Segurança / Necessidades fisiológicas

O segundo nível das necessidades humanas envolve a segurança (financeira e física, tanto do indivíduo como da família — ou, como diria Norman Rockwell, "a liberdade de não ter medo"). Logo acima vem a demanda pela sensação de pertencimento, que implica o relacionamento com parceiros, amigos, familiares e a comunidade na qual se vive. É curioso notar que Maslow faz distinção entre a necessidade fisiológica de sexo (incluída na camada das demandas básicas) e a necessidade de amor, que envolve a capacidade de dar e receber devoção e afeto, uma troca comum entre os amantes durante o ato sexual — é aqui que a mulher deseja que o marido classifique a vida sexual do casal.

Se uma pessoa consegue satisfazer as necessidades de amor e de pertencimento, passa a buscar a autoestima, associada ao reconhecimento do valor e das realizações individuais junto à comunidade. As quatro camadas inferiores formam um bloco e representam necessidades que precisam ser atendidas antes de se avançar para o próximo nível de desenvolvimento humano.

Com a satisfação do bloco de necessidades básicas, o próximo passo envolve a ampliação delas. A primeira ampliação refere-se aos conhecimentos e se traduz na busca de novas experiências e aventuras, enquanto a segunda envolve a apreciação estética, capaz de elevar a alma e promover o encantamento diante do belo, seja na natureza ou em um museu. O bloco final reúne a realização pessoal, penúltimo passo na escala da satisfação humana, caracterizada pela identificação do potencial individual e de sua concretização plena. Em geral, as pessoas realizadas são definidas como originais, criativas e espontâneas, centradas na realidade, direcionadas para a solução de problemas. Como têm senso de encantamento, desenvolvem relações pessoais profundas, por mais que apreciem a autonomia. São abertas, éticas e dedicadas, com clara definição de valores e bom humor. Atribui-se a essas pessoas uma posição de superioridade, pois elas parecem sempre se diferenciar das demais na vida profissional e obter bons resultados sem grandes esforços. Na opinião de Maslow, apenas 2% da população mundial entraria nesse seleto grupo, do qual fazem parte personalidades como Thomas Jefferson, Abraham Lincoln, Frederick Douglass, Albert Einstein, Eleanor Roosevelt, William James, Albert Schweitzer e Aldous Huxley.

Mas a realização pessoal não é tudo. Em uma fase avançada da vida, o estudioso conclui que a busca pela transcendência constitui o ápice das motivações humanas. A procura pela satisfação espiritual representaria a última fronteira do crescimento humano, no qual uma pessoa encontra um significado eterno (e até místico) que finalmente dá sentido à sua existência.

Se consegue compreender esse movimento constante rumo ao topo, verá que, na condição de esposa, você está em uma posição única para apoiar e estimular o desenvolvimento do parceiro. Caso tente mantê-lo estagnado (impedindo seu crescimento em vez de ajudá-lo a avançar), acabará construindo as bases para a insatisfação existencial dele. O descontentamento o fará procurar caminhos, até fora do casamento, para satisfazer essa carência. (Este é um dos motivos pelos quais ouvimos pessoas divorciadas dizerem que "o casal tomou rumos diferentes". Muitas vezes este foi realmente o fracasso deles: deixar de estimular o crescimento do outro, enquanto mantinham o casamento instável mesmo percebendo as mudanças.)

DEFINIÇÃO DE MASLOW

"Para ser feliz, um músico precisa dedicar-se à música, um artista precisa fazer arte, um poeta precisa escrever. O homem deve ser o que ele pode ser. Essa necessidade é o que chamamos de busca da realização pessoal."
Abraham Maslow (1908-1970)

O perigo para o casamento surge da insatisfação geral (manifestada por tristeza, pessimismo, desapontamento, desânimo e pelo pior dos elementos para um casal: o distanciamento) decorrente da tentativa da mulher de impedir o processo de desenvolvimento pessoal do marido. Vi essa situação ser justificada várias vezes pela típica queixa de que "casamento é tudo igual". Para evitar esse estágio de insatisfação e desencanto, uma mulher atenta faz o que pode para se certificar de que as expectativas do marido estão sendo atendidas e de que ela também continua em processo de desenvolvimento, continuando a ser uma pessoa interessante. Quando isso não ocorre, alguém de fora pode ser capaz de identificar o estado de descontentamento do homem e direcionar as atitudes para preencher essa lacuna. Por meio desse "resgate", a possível "outra" pode fazer com que seu marido pense que a vida dele mudou ao conhecê-la, por despertá-lo para outros aspectos da vida. O segredo para evitar essa vulnerabilidade conjugal é participar da busca do parceiro por novos níveis de satisfação e, quem sabe, até por outros objetivos, como a realização pessoal ou a transcendência religiosa.

Vejamos o caso de Jake, um técnico de informática que conseguiu construir uma vida confortável atuando como especialista em computadores, mas que desejava algo mais. Quando o conheci, ele estava casado havia seis anos e tinha um filho. Jake aproximava-se dos 40 anos e achava que sua vida não fazia sentido. Definia-se como um homem fiel à família, mas não a si mesmo. Explicou que sempre quis estudar direito, e que tinha certeza de que se daria bem nesse campo, mas a mulher, Dawn, não queria nem ouvir falar do assunto. A única pessoa que o incentivou foi Lorrie, jovem advogada que ele havia conhecido no trabalho. Jake acreditava que Lorrie era a única pessoa que o compreendia, e que os dois poderiam passar horas conversando sobre história, política e outros assuntos que ele apreciava, mas que deixara de lado ao se casar. Apesar da beleza de Dawn, Jake reconhecia que o único elemento em comum entre o casal era o filho, o que não justificava o casamento. Tudo o que ele mais esperava era a chegada do verão, quando a mulher passava um tempo na praia. Apesar de distante do filho, Jake sabia que as férias da família lhe proporcionariam mais tempo para estar com Lorrie durante a semana.

Embora fizesse questão de ressaltar a beleza da mulher, Jake lembrou que esse aspecto não tinha mais importância para ele. Lorrie tinha um corpo bonito e também uma mente brilhante e, naquele momento, ele precisava de uma parceira capaz de apoiar seus sonhos, antes que fosse tarde demais. Desejava uma pessoa que se interessasse por sua felicidade e o visse além de sua conta bancária.

Sugeri que ele dividisse essas percepções com Dawn, para ela ter sequer oportunidade de reagir e de apresentar seu ponto de vista, a fim de solucionar o problema. Jake respondeu que a mulher nem ao menos concordaria em conversar. Na mesma época, Lorrie lhe ofereceu um empréstimo para pagar o curso de direito e também se dispôs a ajudá-lo nos estudos. Ela tinha planos: estimulava a ambição de Jake, alimentando suas esperanças de vislumbrar um novo sentido para sua vida. Dawn, sem perceber o que estava acontecendo, apenas se sentia aliviada ao ver que o marido parecia mais contente. Quando uma amiga contou que viu Jake com Lorrie, Dawn mandou que fosse cuidar da própria vida, segura de que ele jamais se afastaria da família.

Seis meses depois, Jake comunicou à mulher que queria o divórcio e que estava apaixonado por outra pessoa, que o compreendia e se preocupava com ele. Decidiu parar de trabalhar e começar os estudos em tempo integral no semestre seguinte. Disse que Dawn poderia ficar com a casa e com todos os bens, e que ele pagaria uma pensão com as economias que tinha, de acordo com a lei. Prontificou-se a partilhar a guarda do filho e sugeriu que ela procurasse emprego, pois o casamento havia durado menos de dez anos e, pelas leis norte-americanas, ele não teria de sustentá-la pelo resto da vida. A resposta de Dawn foi uma ameaça de suicídio. Para sua decepção, porém, em vez de se preocupar com a infelicidade dela (como era habitual), Jake respondeu que, se ela se matasse mesmo, ele "teria que mudar o cálculo da pensão do filho".

Naquele momento, Dawn compreendeu que tinha perdido o jogo. Ela havia deixado escapar o vínculo com o marido ao parar de dar a atenção de que necessitava, e jamais havia imaginado que ele seria capaz de se colocar em primeiro lugar. A advogada prestativa tinha sido o canal para a mudança de Jake. Se Dawn tivesse sido menos autocentrada e se preocupasse com as questões existenciais do marido, em vez de ignorá-las, talvez o casamento ainda existisse, quem sabe até mesmo com a permanência de Jake na área de informática, mas com uma vida capaz de trazer satisfação aos dois. Em vez disso, ele mudou de rumo, terminou a faculdade e começou uma nova carreira ao lado de Lorrie.

Antes de seguir em frente na discussão sobre o cuidado com o casamento, vale conhecer um exercício baseado nas expectativas das pessoas que o próprio Maslow considerava útil para identificar o estágio de cada um na progressão das necessidades. Pergunte a seu marido como seria a sua vida (ou a situação, ou o Universo) se saúde e dinheiro fossem problemas resolvidos. De acordo com Maslow, a resposta identifica as demandas que já surgiram, mas que ainda não foram atendidas.

Bons hábitos conjugais

Graças a vários estudos realizados nas últimas cinco décadas, sabemos que a base para uma união conjugal íntima, saudável e feliz é a comunicação, a proximidade (física e emocional) e o respeito. Os casamentos que contam com esses elementos, em geral, são sólidos e gratificantes. Nessas relações, os parceiros se doam ao outro e recebem de volta o amor e a segurança, que geram um conforto único. Sabemos que isso funciona, mas também temos conhecimento das ameaças que atingem um casamento estável, deixando-o vulnerável a forças externas e até ao desmoronamento.

Ao contrário de alguns estudiosos que baseiam seu trabalho em pesquisas autodefinidas — que, se não forem bem-conduzidas, podem se tornar pouco confiáveis —, John M. Gottman dedicou anos ao chamado "Love Lab", um laboratório de pesquisa familiar situado em Seattle, onde observava a interação dos casais e classificava-a de acordo com o tipo de comunicação, trocas, gestos e sinais psicológicos (batimentos cardíacos, transpiração, respiração e pressão sanguínea). Depois de anos de estudo, Gottman desenvolveu uma teoria sobre os fatores que fortalecem um casamento e os que compõem um quadro que pode ser definido como uma versão dos quatro cavaleiros do Apocalipse.

Sabotadores do casamento

De acordo com Gottman, os quatro elementos capazes de extinguir um casamento são a *crítica* (ataques constantes às características do outro), o *desrespeito* (talvez o mais devastador, porque gera decepção e raiva), a *postura defensiva* (preocupação em culpar o outro ou em ter sempre razão) e o *isolamento*, que o estudioso chama de "barreira do silêncio" (tendência passivo-agressiva a se afastar do parceiro a ponto de tornar-se indiferente ou ausente em quase tudo). Além desses quatro cavaleiros do Apocalipse, porém, Gottman encontrou manifestações psicológicas de "problemas à vista". O estresse pode provocar uma descarga de adrenalina (chamada por ele de "inundação"), que inicia uma reação de "matar ou morrer" na qual as emoções saem do controle e a situação passa de ruim a pior ainda.

Se a crítica é constante, o desrespeito, a postura defensiva, o isolamento e o descontrole constituem os sabotadores da vida a dois. Quais são os comportamentos que, pelo contrário, encorajam o bom entendimento entre o casal? John Gottman sugere alguns caminhos em seu livro *Sete princípios para o casamento dar certo*. O casamento depende em grande medida de ingredientes como amizade, respeito, afeto e partilha (no caso, comunhão de corpo e mente). A seguir, os princípios recomendados por Gottman:

1. Identifique a configuração emocional do seu parceiro a partir do esforço para compreender, considerar e respeitar o que tem importância para ele. Gottman chama isso de "manutenção de um mapa afetivo";
2. Tenha em mente os motivos que a levaram a escolher o parceiro e tente levar essa visão positiva a todos os aspectos. Essa postura é chamada de "cultivo da admiração e do afeto";
3. Sinta-se grata por terem um ao outro e demonstre o quanto gosta dele. Afinal, todo mundo gosta de ser querido, não é?

Sempre que tiver de escolher entre o afastamento e a intimidade, escolha a segunda opção. Para Gottman, isso tem o nome de "jogar a favor, e não contra";

4. Mantenha uma postura aberta em relação aos pensamentos, emoções e crenças do parceiro. Você não está certa o tempo todo e nem sempre tem a melhor solução para tudo. Gottman denomina esta postura de "aceitação da influência". É curioso notar que, na pesquisa do especialista, no que se refere à felicidade conjugal, é mais importante haver essa aceitação da parte do marido que da mulher;
5. Tente solucionar as eventuais diferenças por meio da comunicação respeitosa, sincera e diplomática. (Tenha em mente que seu corpo fala com a mesma intensidade que as palavras.) Isso se chama "busca da solução possível", segundo Gottman;
6. Lembre-se da "Prece da serenidade", de Reinhold Niebuhr: "Peço a Deus que me dê serenidade para aceitar o que não posso mudar, coragem para mudar o que posso e sabedoria para identificar a diferença." Caso conclua que algo não tem solução ou possibilidade de mudança, procure encontrar um pouco de humor e leveza para conviver com a situação. Gottman define essa postura como "aceitação de conflitos insolúveis";
7. Ajude o parceiro a desenvolver seu potencial e procure construir uma vida conjunta positiva e com sentido. Gottman chama isso de "criação de significado comum."

Interação atenta

Agora você sabe quais são as emoções e atitudes que ajudam na preservação de uma união feliz e as que fazem exatamente o contrário. Mas como aprender a agir de forma positiva e propícia ao entendimento? Em poucas palavras: saiba escutar. Concentre-se em ouvir seu parceiro, procure entender o que ele diz e, se não tiver certeza de compreendê-lo bem, pergunte.

Algumas dicas que costumam funcionar:

- Atente para a ocasião. Evite levantar questões complicadas quando perceber que ele quer relaxar ou está sobrecarregado com outros problemas. Prefira esperar para conversar sobre esses assuntos quando ele estiver disponível;
- Fale de forma direta e simples;
- Limite-se à questão e ao momento presente;
- Se tiver dúvidas, prefira agir com suavidade e de forma positiva;
- Ninguém gosta de acusações. Limite-se a falar sobre fatos e não sobre falhas dele, a não ser que queira ouvir acusações também;
- Mantenha o mesmo respeito que adotaria em uma conversa com o seu melhor amigo (tomara que seu marido seja também o seu melhor amigo!).

A boa comunicação pode fazer toda a diferença, como se pode ver no caso de Diane e Jeff. O casal decidiu me procurar antes de recorrer aos advogados especializados em divórcio. Na primeira sessão, já ficou claro que o casal não falava a mesma língua. A comunicação não verbal ganhou mais força do que as palavras assim que os dois se acomodaram um em frente ao outro, sem se olhar ou emitir qualquer sinal de cumplicidade. Descobri que a mãe de Diane era autoritária e só berrava ordens ao marido e aos filhos, e que a filha havia aprendido a fazer exatamente o mesmo. Jeff, por outro lado, fora educado sem espaço para se fazer ouvir e, por isso, não tinha a menor ideia de como expressar seus pensamentos e emoções. Comecei a terapia recorrendo a técnicas básicas de comunicação. Diane e Jeff estavam interessados em aprender formas de se expressar sem recorrer a agressões o tempo todo. Em certo momento da terapia, Jeff disse a Diane que já era adulto, capaz de dizer o que sente e de assumir as responsabilidades por suas palavras. Diane estava assustada, pois o silêncio hostil do marido no passado sempre a incomodara. Sabendo que Jeff iria escutar, ela percebeu que poderia pedir as coisas que quisesse em vez de exigi-las, conforme o método usado por sua mãe. Quando Diane começou a falar, a raiva de Jeff diminuiu.

O casal continuou no treinamento, dedicando meia hora por dia à prática de ouvir o outro e falar para ser ouvido. Sugeri que adotassem um cronômetro, de forma que cada um falasse livremente por 15 minutos. Ao final da meia hora, a dupla poderia discutir alguns aspectos, se fosse o caso. Se um deles quisesse continuar a discussão, o relógio deveria ser ajustado para mais cinco minutos, mesmo tempo dado em seguida para o outro. O casal poderia insistir na busca de uma solução naquele dia ou concordar em deixar para o dia seguinte, mas com a certeza de que o assunto voltaria à pauta e seria abordado de forma clara. Não demorou e a prática do ouvir e falar se tornou parte da rotina do casal. Os dois ainda têm problemas, mas agora contam com um mecanismo que os ajuda a conversar de forma respeitosa e eficiente.

Como se pode ver, a comunicação eficiente e a habilidade para solucionar problemas podem ser aprendidas. Mas há mais notícias boas: alguns estudos mostram a relação entre a atração física e a "satisfação na comunicação". Quanto mais você conseguir ouvir o parceiro e expressar o que sente, melhor será sua imagem diante dele (mais informações sobre comunicação eficiente no capítulo 11). Além disso, quem aprende a se comunicar de forma eficaz e tem capacidade de solucionar problemas consegue se relacionar bem não só no casamento, mas em qualquer circunstância.

A doutora Shirley Glass escreveu que até os casamentos felizes são sujeitos a ameaças externas. Porém, os resultados do que vi em anos de terapia com casais apontam para uma conclusão diferente. Descobri que pessoas felizes (animadas, comprometidas e satisfeitas) não traem nem abandonam o casamento, a não ser que um dos dois tenha clara propensão a riscos ou, por causa de algum transtorno emocional, adote comportamento irresponsável ou autodestrutivo (um exemplo é o caso dos *sexaholics*, "viciados" em sexo que simplesmente afirmam não conseguir conter seus impulsos; mais informações no capítulo 8).

Em todo caso, permanecer atenta para manter o interesse, o envolvimento e a vitalidade da relação funciona muito bem e pode proteger o casamento de eventuais forças nocivas vindas de fora. Ao reavaliar sua maneira de demonstrar afeto, a disposição para o sexo, a determinação em estimular o crescimento do outro e a capacidade de ouvir e de se comunicar, você terá os recursos que a ajudarão a proteger o que é seu de direito: seu casamento.

Capítulo 2 – A tempestade se aproxima

Até agora, o foco tem se concentrado nos aspectos positivos do relacionamento e nas formas de preservar o amor. Em condições ideais, o livro poderia terminar aqui, mas na realidade o perigo pode estar em toda parte. A leitura deste volume pode trazer informações, percepções e até técnicas importantes para a preservação de seu relacionamento, mas é possível que já existam danos ocorridos no passado por atitudes ou palavras mais hostis e menos positivas. Neste capítulo, são abordadas as circunstâncias que podem indicar se seu casamento está por um fio ou, pelo menos, revelar a existência de algumas "rachaduras" que exigem atenção.

Antes de examinar os sinais de tempestade no horizonte, tente se lembrar do que leu até aqui. A atitude de um homem em relação à mulher e ao casamento depende da satisfação que sente no dia a dia. Se todas as suas necessidades físicas e emocionais são atendidas (ou ao menos levadas em conta), seu comprometimento com a mulher tende a aumentar, ao mesmo tempo que se reduzem as necessidades de procurar alternativa satisfatória. Este homem dedicará tempo, atenção e dinheiro à mulher, caso se sinta bem consigo mesmo.

O homem não irá procurar "novidades" se estiver comprometido com o casamento (uma consequência da realização que encontra no relacionamento com a mulher). Suas atitudes mostram se ele se preocupa com ela e ajudam a reforçar o vínculo entre os dois. Em geral, o comprometimento masculino se traduz em comunicação constante, respeitosa e honesta, na determinação em preservar o relacionamento e nas reações compreensivas à conduta inadequada da parceira. Na realidade, encarar seu comportamento negativo com uma reação positiva é uma das formas de colocar em prática os princípios defendidos por Gottman (concentração nos aspectos positivos e aceitação do que não pode ser modificado, conforme apresentado no capítulo 1). Trata-se de uma boa maneira de evitar a aproximação dos "quatro cavaleiros do Apocalipse" (crítica, desrespeito, postura defensiva e isolamento) e a reação "matar ou morrer" ao estresse emocional que antecede os problemas conjugais, ou até mesmo o divórcio.

> **A BELEZA ABRE PORTAS, MAS NÃO GARANTE O CASAMENTO**

Você pode ser a mulher mais linda do mundo, mas se seu parceiro não se sentir valorizado, poderá encontrar alguém que o atraia e o faça se sentir um príncipe. Por isso, até as beldades precisam ficar atentas à satisfação do companheiro, sob o risco de perdê-lo para uma pessoa capaz de apresentar horizontes novos e sedutores.

Finalmente, o marido satisfeito e realmente envolvido divide tarefas e afazeres que estimulam a estabilidade conjugal e a satisfação mútua, criando um processo de retorno positivo capaz de proteger o casamento de "invasores". Alguns exemplos são: procurar um trabalho com remuneração maior, cuidar da casa ou do jardim, lavar a roupa ou cuidar das crianças, em vez de se dedicar apenas a si mesmo.

Mas o que acontece quando o cenário não é tão perfeito? De acordo com os especialistas, quando a satisfação diminui e surge mudança de atitude em relação ao casamento ou ao parceiro, aquele que se sente mais ameaçado pelo colapso — e por uma possível separação — tende a suspeitar de que algo está errado. Embora essa suspeita possa ser infundada, parece que existe um "sinal de alerta" programado para disparar diante do perigo, mesmo quando ele não existe de fato. (Um estudioso fez uma analogia com o mecanismo detector de incêndio e afirma que é melhor estar regulado demais e dar um alerta falso do que não perceber a fumaça e morrer consumido pelo fogo.) Na relação a dois, pode valer a pena se exceder e reagir, em vez de cair no descuido e perder o parceiro. Um pensamento similar está na base de um famoso provérbio árabe: "Confie em Alá, mas amarre seu camelo." (Darei mais informações sobre as técnicas de "amarrar camelos" nos capítulos finais.)

Sinais de infidelidade

Antes de mergulhar nos cenários mais comuns que envolvem infidelidade (ou pelo menos as circunstâncias que deveriam fazer uma pessoa prestar atenção ao que acontece à sua volta), é importante discutir as mudanças próprias das fases da vida e as situações pessoais que podem deixar um homem mais vulnerável às tentações. Embora algumas transformações no estilo de vida sejam bem conhecidas a ponto de se tornarem clichês (pensemos no carrão, no tingimento dos cabelos, na compra de roupas da moda e na matrícula na academia de ginástica), existem outras mudanças mais sutis que podem apresentar um desafio igual para a saúde do casamento.

Começamos pela conhecida e comentada crise masculina da meia-idade, também chamada de "idade do lobo". Em geral, esse processo acontece entre 40 e 60 anos (quando a juventude começa a dar adeus para dar lugar à consciência da finitude), e pode durar alguns meses ou até anos. Em geral, na crise da meia-idade, um homem pode apresentar desejos por coisas ou pessoas que jamais lhe chamaram a atenção antes, como o sonho de trocar de carreira ou de mulher, na esperança de uma vida nova voltada a outros interesses.

Embora nem todos os maridos entrem em processo de reavaliação de suas escolhas nessa etapa da vida, muitos passam por mudanças emocionais, físicas e psicológicas estimuladas por uma química corporal e cerebral, além da inevitável passagem do tempo. O curioso é que, para alguns especialistas, na faixa entre 40 e 55 anos, o cérebro masculino se torna mais parecido (ou menos diferente do) com o cérebro feminino. Essa mudança pode ser atribuída à queda dos níveis de hormônios sexuais, sobretudo a testosterona (agente que estimula o gosto por riscos, a agressividade e oferece maior resistência à dor, tanto física quanto emocional). Se for assim, pode significar que a meia-idade deveria representar o início da melhor época para os casais, caso se propusessem a ajudar um ao outro a atravessar essa fase da vida utilizando as informações fornecidas aqui.

O começo de tudo

Sinceramente, acredito que o primeiro grande teste de fidelidade é a fase anterior ao casamento. Dependendo da maturidade e do comprometimento, nessa etapa um homem pode se sentir induzido a fazer algo que seja esperado dele, mas não que ele realmente queira. Isso costuma ocorrer quando o namorado é jovem, com menos de 25 anos, sem preparo emocional e físico para abrir mão de seu estilo de vida livre, sem grandes responsabilidades e bastante autocentrado. Na maioria dos casos, homens assim recebem um ultimato da namorada, que, por sua vez, já está pronta para se comprometer e estabilizar a vida ao lado de um único parceiro.

Em vez de encarar a ameaça e suportar as consequências, o homem cede, ainda que se ressinta. Após aceitar o compromisso, o ressentimento continua. Em alguns casos, o homem age de forma a tornar quase impossível a ideia de levar o casamento adiante.

Nas vezes em que a mulher vence, o casamento enfrenta o risco de se esfacelar a partir do primeiro dia. De acordo com Helen Fisher, autora do livro *Anatomia do amor: A história natural da monogamia, do adultério e do divórcio*, muitos desses casais se separam em menos de cinco anos, a não ser que tenham filhos imediatamente. Outras pesquisas apontam resultados similares. Algumas vezes o homem consegue abandonar o ressentimento e assumir as responsabilidades do papel de marido, enquanto as mulheres optam por passar uma borracha no passado e recomeçar. Se essa situação parecer familiar, o futuro do seu relacionamento depende da sua determinação em perdoar e recomeçar, e também do desejo dele de ficar com você.

Pausa para a gravidez

Por mais paradoxal que possa parecer, outro momento em que os homens tendem a perder o rumo é durante a gravidez da mulher. As justificativas para a traição são em geral as mesmas: ele não está pronto para as responsabilidades da paternidade e deseja reviver a liberdade dos dias de solteiro. Por razões culturais ou sociais, alguns têm dificuldade de se relacionar sexualmente com a mulher grávida. Em vez de aproveitar a sexualidade ao lado da parceira, eles a colocam em um pedestal e procuram "refúgio" sexual em outra parte. Se você acha que esse é o seu caso, convém que ele procure a ajuda de uma terapia para identificar as razões de não conseguir se aproximar da mulher que ama e que está no apogeu da feminilidade e fertilidade ao gerar um filho para os dois.

DÚVIDA CRUEL

Um estudo indica que as mulheres, por mais que se apavorem diante da simples ideia de infidelidade, sofrem mais quando desconfiam de algum vínculo afetivo entre o marido e a parceira de cama ("infidelidade emocional"). Elas sabem que, quando um homem se relaciona afetivamente com outra mulher, são grandes as chances de ele abandonar o casamento para iniciar uma nova relação.

Embora o nosso objetivo seja prevenir a infidelidade, é preciso admitir que muitas vezes ela acontece. Os capítulos finais são destinados à discussão sobre como se recuperar e refazer o pacto conjugal quando o parceiro assume ter tido um caso. Por enquanto, tenha em mente que as "escapadas" durante a gravidez em geral se relacionam mais à tentativa de se rebelar contra a "domesticação" e de fugir da realidade do que com uma possível insatisfação com a mulher. De qualquer forma, saber que o marido teve um caso quando se esperava um filho pode ser tão traumático a ponto de a quebra da confiança conseguir contaminar o amor, prejudicando o casamento, às vezes de forma irreparável.

Para superar isso (quando possível), é preciso contar com o empenho de ambos. A reconstrução depende da capacidade da mulher de perdoar e seguir em frente sem carregar mágoas. Se serve de consolação, os maridos que mantêm um caso quando a esposa está grávida tendem a permanecer no casamento. Os investimentos biológicos e financeiros são altos demais, e o custo social de abandonar a mulher grávida costuma ser imenso.

Necessidades do ego masculino

Outro momento propício a problemas é quando um homem enfrenta decepções ou atinge um grande sucesso na carreira profissional. No primeiro caso, a traição pode ser uma forma de satisfazer o ego; no segundo, o aumento do prestígio torna o homem mais atraente aos olhos de outras mulheres. Dependendo da saúde do casamento, essas "alternativas" podem parecer bastante sedutoras. Como acontece com muitos homens, seu marido pode simplesmente fazer uma comparação mental entre o que deseja, consegue e encontra em casa e tudo o que poderia encontrar ou conseguir fora do lar. Por mais estranho e desconfortável que possa parecer, cabe à mulher fazer o possível para estar em sintonia com essa aritmética masculina. Os benefícios da atenção são importantes, enquanto os custos do descaso podem ser altíssimos. A escolha cabe a você.

Conquistas femininas

Outro momento comum para a infidelidade masculina acontece quando a mulher é bem-sucedida e o marido se sente inferior em relação às conquistas e ao espaço da parceira. Homens nessa situação quebram os votos por vários motivos. Em primeiro lugar, dependendo do tipo de relacionamento do casal e da personalidade de cada um, a masculinidade pode parecer afetada pelo sucesso ou pelo reconhecimento da mulher. Quando isso acontece, o homem pode encontrar alguém (em geral, em situação de menos prestígio ou poder que a esposa) que o faça se sentir valorizado e importante. Se a mulher começa a viajar muito ou torna-se uma companheira menos assídua por causa das demandas profissionais, ou demonstra que respeita menos o marido do que antes, ele pode procurar amizade (ou algo mais) em outra mulher do seu círculo (a vizinha ou a colega de trabalho, por exemplo). Trata-se de uma tentativa de recuperar a autoestima, abalada pelo seu "fracasso" na comparação com o êxito da parceira.

Fatos da vida

O último conjunto de fatos da vida que pode desencadear a infidelidade inclui a síndrome do ninho vazio (quando os filhos saem de casa), uma enfermidade grave de um dos cônjuges ou a morte de um parente próximo. São circunstâncias que provocam tanto dor emocional quanto desgaste físico. A brevidade da existência, que fica clara nesses momentos, pode levar um homem a tomar medidas incomuns para mudar o próprio modo de vida pelo tempo que lhe resta — nem sempre para melhor. (Algumas vezes trata-se realmente apenas de uma mudança, não necessariamente de uma melhora.) Para alguns homens nessas circunstâncias, qualquer coisa que os liberte da sensação de mortalidade pode trazer alívio temporário, mesmo que custe seu casamento. Por outro lado, acontecimentos trágicos ou difíceis podem surtir efeito contrário, unindo os casais. Basta citar as reportagens sobre casais norte-americanos que pediram para retirar o processo de divórcio e voltaram a viver juntos após os atentados às torres gêmeas em 11 de setembro de 2001.

Abordamos a seguir alguns sinais que podem levantar a suspeita de que seu marido encontrou uma amante ou, pelo menos, uma amiga especial.

Problemas à vista

Talvez você tenha notado atitudes diferentes em seu marido. Depois de refletir um pouco, você tenta compreender o que ele está fazendo, pensando e sentindo. É provável que haja menos momentos agradáveis ou pouca conversa. Ambos trabalham muito. Os filhos requerem atenção e esgotam sua energia. No final das contas, o casal está mais para colegas de quarto do que para amantes. Talvez os dois estejam cansados e passando por um dos inevitáveis desgastes da vida em comum. Pelo conjunto de situações que identifico nos casos de meus pacientes, esse estágio não necessariamente é o prenúncio de que o vínculo conjugal está perdido. No entanto, reúne os típicos sinais de enfraquecimento, que podem ser fatais caso sejam ignorados.

No início, a mulher percebe indicações sutis porém inegáveis de mudança na forma como o marido a trata — deixar de dar importância ao que ela diz ou faz, por exemplo. Ele não chega a ignorá-la, mas não se envolve na conversa, não reage e jamais reclama. Parece não ter mais interesse nas opiniões da parceira nem no que ela sente. Ainda que volte para casa todos os dias e até faça sexo com a mulher, parece faltar algo: interesse. Mesmo que more na mesma casa, emocionalmente está sempre ausente.

Depois de um certo tempo, se as coisas não voltam ao normal do ponto de vista da mulher, ela percebe que as atitudes também refletem distanciamento. Há afastamento físico e desculpas para não passar o tempo a sós, esquecimento de datas ou fatos importantes, como aniversários ou compromissos sociais. O marido reduz ou deixa de participar das atividades familiares, como a missa ou o culto frequentado pelo casal durante anos. Também se afasta da vida escolar e social dos filhos. Para a esposa, fica claro que o parceiro está se distanciando fisicamente da casa, dos filhos e dela mesma, destinando seu tempo e atenção a outros interesses.

Muitas vezes, mas não sempre, a última atividade afetada é o contato sexual. Algumas mulheres relatam um claro aumento da atividade sexual com o marido no período que antecede a separação, mas é bem mais frequente perceber seu afastamento também na cama, coroando o distanciamento conjugal. A perda ou redução do interesse sexual pode indicar ou não a existência de um caso. A chegada de uma doença ainda não diagnosticada, a depressão ou a raiva da mulher são outros fatores que levam à redução do contato sexual. Seja qual for o caso, uma mudança perceptível na qualidade, frequência ou forma do sexo (no que se refere a novas técnicas, posições, acessórios ou métodos de contracepção) exige atenção e busca de solução.

DE OLHO NA SAÚDE

Se você manteve contato sexual enquanto seu parceiro tinha um caso, faça exames de detecção de HIV, hepatite B e C, HPV (papilomavírus humano), sífilis, gonorreia, clamídia e outras doenças sexualmente transmissíveis. Não perca tempo!

Mudanças na rotina

Outro padrão de comportamento que merece observação atenta é a alteração dos horários e das atribuições. Na condição de esposa, você é quem mais conhece seu marido e tem capacidade para decodificar suas ações. (Ele está trabalhando mais para ganhar mais ou para ter mais tempo ao lado de outra pessoa?) Se você tem noção da distância que ele percorre todos os dias, poderá perceber quando a quilometragem do carro indicar um percurso maior. Talvez ele esteja viajando a trabalho com mais frequência ou venha fazendo trajetos maiores (à noite, nos finais de semana ou nos feriados) sem um objetivo expresso — do contrário, você saberia do que se trata. Em qualquer dessas circunstâncias, vale a pena apostar em uma conversa franca com seu parceiro.

> **ÁLIBIS À VENDA**

Sem intenção de apavorar ninguém, acho útil contar que soube por alguns pacientes que na internet existem sites que "vendem" álibis perfeitos para quem precisa se ausentar por alguns dias. Basta se inscrever, pagar e obter transporte para um destino falso, com hospedagem, sem envolver o cartão de crédito do marido ou da mulher infiel. Em alguns casos, é possível "comprar" a participação em um congresso da sua especialidade, com material de identificação e foto dos demais colegas presentes, com todas as provas de que o "cliente" realmente esteve em um seminário em outra cidade, e não em uma praia ao lado da amante. Não acredita?

Outras mudanças na rotina que podem parecer estranhas à mulher atenta são o hábito de apagar do computador quaisquer registros das páginas visitadas logo após o uso, a visita a salas de conversação específicas para solteiros ou para temas sexuais, ou a criação de um e-mail exclusivo, jamais consultado perto de alguém da família. Fique atenta também caso seu marido prefira comprar um computador ou laptop para uso exclusivo, em vez de usar o equipamento partilhado por todos.

O maior motivo de preocupação surge quando o marido compra um celular novo e não informa o número, ou se recusa a falar ou a atender o aparelho na presença de outros. Ou quando ele recebe chamadas telefônicas e informa que precisa sair um pouco e volta várias horas depois (mesmo com pouca alteração no hodômetro do carro). Observe se ele desliga o telefone assim que você chega ou se, quando você o atende, a pessoa do outro lado da linha desiste da chamada. Caso encontre notas de compra de joias que você nunca viu ou comprovantes de bilhetes aéreos que você não usou (ou hotéis nos quais nunca esteve) ou identifique na conta telefônica chamadas constantes a telefones desconhecidos, é hora de perguntar o que está acontecendo.

Um sinal de que há algo errado é o interesse súbito pela forma física, sobretudo no caso de homens que nunca se preocuparam muito com a aparência. A mudança no visual, seja um corte de cabelo mais ousado ou a adoção de trajes mais modernos e joviais, também pode indicar algo. Do mesmo modo, a perda de peso ou a entrada em uma dieta radical podem sinalizar o desejo de uma mudança drástica — na vida e na companhia. Pode ser que esse narcisismo repentino esteja associado a um tratamento de saúde sobre o qual você já sabe ou a alguma recomendação médica que envolve regime e exercícios, mas, do contrário, é melhor redobrar a atenção.

Quando você revelar suas preocupações com esses comportamentos, seu marido pode ficar bravo ou assumir uma postura defensiva, ou ainda afirmar que não há nada de errado e tudo não passa da sua imaginação, sem, no entanto, apresentar uma explicação satisfatória para as mudanças. Nesse caso, você tem mais motivos para se preocupar. Você é esposa e tem o direito (assim como contar é obrigação dele) de saber o que ele está fazendo, por quê, onde, quando e com quem. Lembre-se de que os casamentos saudáveis se baseiam na comunicação aberta e honesta e na confiança. Não caia na armadilha de simplesmente confiar, pois neste ponto ele não merece.

Objetivos distintos

Se os sinais de mudança na rotina não forem suficientes para fazê-la parar e pensar, quando um homem decide que só poderá enriquecer ou levar uma vida divertida sem a mulher, fica claro que ele está decidido a trilhar um caminho diferente do dela. Vejamos os exemplos a seguir:

Procura de psicoterapia: Muitos pacientes procuram a ajuda de um psicólogo ou terapeuta pouco antes de sair de casa, como uma forma de tentar conseguir a aprovação de uma figura de respeito (no caso, o profissional de psicologia) para a iminente decisão de abandonar o casamento.

Ampliação do horizonte: Um interesse súbito em atividades até então pouco procuradas (como idas a mostras em museus, palestras, aulas de arte ou teatro) sem a sua presença pode indicar que seu marido está apenas querendo ampliar seu círculo — ou que ele se prepara para uma nova vida, quem sabe ao lado de uma nova parceira.

Prática de novos esportes: O marido decide se dedicar a atividades esportivas ou de lazer (praticar esqui, velejar, andar de bicicleta ou pescar) que exigem a ausência dele ou a companhia de pessoas desconhecidas — não necessariamente amigas do casal —, mas a esposa nunca está incluída no programa.

Caso você identifique todos esses sinais no comportamento de seu marido, isso não significa que o casamento acabou e o divórcio está a caminho (sobretudo se essas mudanças não estão acompanhadas de alterações na situação financeira da família, assunto abordado a seguir). O que tudo isso realmente quer dizer é que está na hora de conversar e tentar identificar o seu lugar: permanecer como uma dupla que partilha a vida ou não. Preserve o interesse por seu marido e faça parte da vida dele.

Revolução na conta bancária

Existem alguns comportamentos que avisam que seu casamento (ou seu parceiro) precisa de atenção, e há sinais que praticamente alertam que o perigo já se instalou. Embora esses alertas se tornem óbvios depois que tudo já aconteceu, muitas vezes passam despercebidos no presente, sobretudo se a mulher não suspeita de nada. Essas atividades planejadas em geral afetam a estabilidade financeira do casal e podem significar sérios problemas para a esposa, havendo ou não outra pessoa envolvida. No conjunto, esse tipo de conduta é chamado de "preparação para o divórcio". A seguir, uma lista do que merece atenção:

- Seu marido altera o endereço de correspondência emitida pelos bancos ou da conta de celular, a ponto de mais nada chegar à residência do casal;
- Sem nenhuma razão aparente, seu marido decide abrir uma conta individual, mesmo após anos de conta conjunta;
- Ele passa a depositar o salário em uma conta individual, à qual a esposa não tem acesso;
- Caso ele atue como profissional autônomo e subitamente diminua a quantidade de trabalho, isso se reflete em menos dinheiro para as despesas da casa;
- Seu marido começa a usar outras fontes, como o cartão de crédito ou empréstimo bancário, para pagar as despesas (aluguel, prestação da casa ou contas cotidianas) que sempre foram cobertas com a renda mensal, ou pede que você assuma pagamentos que até então eram atribuições dele;
- Seu marido recorre a economias destinadas à aposentadoria ou a emergências sem consultá-la;
- Surge a proposta de refinanciar a casa, de forma a reduzir as parcelas ou a sobrar uma quantia que não será investida em nenhum objetivo que contemple toda a família;

- Ele anuncia que está se afastando das atividades profissionais ou antecipando a aposentadoria, mesmo sabendo que você não concorda;
- Transferência de alguns bens ou benefícios para terceiros (irmãos, amigos ou sócios). O objetivo dessa medida, em geral, é isolar os recursos que podem ser cobrados pela mulher no caso de separação.

Pedido de ajuda

Em vez de apontar para o término do casamento ou da relação a dois, seu marido pode estar passando pela típica crise de meia-idade (ou outra fase delicada da vida), e talvez tudo isso venha junto com um grande pedido de ajuda — ou, ao menos, precise de uma terapia de casal. Se tudo fosse perfeito, seu marido lhe diria abertamente o que sente e pensa, você o ouviria e reagiria com afeto e compreensão, mas isso raramente acontece. Muitas vezes, a intervenção de um profissional aprovado e respeitado por ambos, de uma pessoa de confiança (como um padre ou um rabino, por exemplo), ou ainda de um amigo que conheça bem o casal e tenha legítimo interesse em ajudar, pode contribuir para a restauração do vínculo afetivo. Um terceiro elemento pode ajudar a identificar os erros e as saídas possíveis para recolocar a relação em um caminho de afeto, lealdade, apoio, cumplicidade e abertura. Mas isso nem sempre acontece.

PARTE 2
TENTAÇÕES E ARMADILHAS MAIS COMUNS

Capítulo 3 – O "mercado" de homens e mulheres

Aqui, a discussão passa das técnicas de "vigilância" do parceiro para a definição das estratégias de preservação do casamento. Neste capítulo, entra em cena a terceira figura do triângulo, que podemos chamar de rival, amante ou simplesmente "a outra". Seja qual for o termo adotado, você sabe muito bem de quem estamos falando: as atitudes e intenções não deixam dúvidas de que se trata de uma destruidora de lares.

Por que ela quer o seu homem?

Antes de mergulhar nos aspectos físicos e psicológicos de uma típica "destruidora de lares", vale a pena investigar as razões evolucionárias para alguns traços do comportamento humano. Infelizmente, a prática de "roubar" o parceiro de outros é comum na nossa espécie; o que costuma mudar é a forma como cada sexo age. Os homens em geral se portam de maneira mais agressiva, enquanto as mulheres agem com mais sutileza quando se trata de apontar a mira para um homem comprometido. Na verdade, a famosa tática de apostar todos os recursos para separar um casal muitas vezes parte de uma pessoa considerada amiga ou muito próxima.

É bom lembrar que o impulso de cobiçar o marido da próxima (sobretudo quando ele vale a pena) é tão antigo quanto a humanidade — e, portanto, sua postura defensiva para preservar o parceiro não será novidade. Acredito que a doutora Helen Fisher (antropóloga e escritora norte-americana especializada em assuntos relacionados a amor e casamento) explicou muito bem essa situação em uma entrevista sobre a rivalidade feminina. A seguir, um trecho da matéria "The End of Girltalk?" ["O fim da conversa de mulheres?"], publicada na revista on-line *Salon.com*:

> *Tracy Quan (repórter): As mulheres preferem negar que existe uma competitividade natural no gênero feminino?*
> *Dra. Helen Fischer: Sim. Os estudiosos descobriram o que as mulheres norte-americanas negam de alguma forma: as mulheres competem entre si. Toda essa onda de se unir em defesa dos direitos das mulheres parece ter desviado nosso olhar da natureza darwiniana de "sobrevivência do mais forte". As mulheres competem entre si da mesma maneira que os homens, e sabem fazer isso muito bem.*

Caso a entrevista da antropóloga não baste para convencê-la, aqui vai mais combustível para a argumentação feminista. Durante um ano e meio, a jornalista homossexual Norah Vincent travestiu-se de homem com o objetivo de experimentar a vida do norte-americano médio do século XXI sob o ponto de vista masculino. No livro *Feito homem*, Norah descreve a essência do companheirismo masculino e as formas de se relacionar com as mulheres. Uma das descobertas da jornalista: os homens não abandonam as parceiras quando elas estão mal. Eles querem vencer, mas apenas quando a mulher se sente por cima. Já as mulheres, por outro lado, são mais ardilosas e querem vencer a todo custo, o que já é motivo para estar alerta. (Nos capítulos seguintes, você receberá orientações sobre como perceber, se armar e atacar sua rival "caçadora".) Norah descobriu ainda que, ao contrário da crença de que as mulheres procuram homens sensíveis, o que elas realmente cobiçam é um homem "de verdade".

É preciso apresentar mais dados para você começar a se preocupar? Em meados da década de 1980, a socióloga Laurel Richardson definiu a típica "outra" como uma mulher solteira, com idade entre 25 e 40 anos. Laurel investigou as diversas raízes para o tradicional fenômeno de casos entre mulheres solteiras e homens casados. Em primeiro lugar, vem o fato de essa geração ter crescido em uma época em que as consequências do movimento feminista já eram palpáveis e, portanto, com oportunidades inéditas de fazer escolhas no que se refere à formação e à vida profissional e reprodutiva de uma forma nunca imaginada pelas gerações anteriores. Em segundo lugar, porque há uma escassez de homens igualmente educados, ambiciosos e que valem a pena. E, finalmente, porque, para muitas, esse tipo de relacionamento "clandestino" atende bem às necessidades temporárias.

Na época, Richardson estimou que entre 18% e 32% das mulheres solteiras se envolveriam com um homem casado. E alertou que essa tendência não apenas se manteria como aumentaria no futuro, em decorrência de uma conta bem simples: quanto maior a presença de profissionais solteiras no mercado de trabalho, menor a disponibilidade de homens descomprometidos. Nesse quadro, muitas mulheres não se importariam em recorrer ao homem que encontrar, mesmo que ele já pertença à outra.

> **FUTURO PERIGOSO**
>
> Embora o livro de Laurel Richardson, *A nova outra mulher*, tenha sido escrito há mais de duas décadas, a autora alertou para uma tendência do futuro: o aumento de casos entre mulheres solteiras e homens casados. Ela estava certa. Em 2000, o psiquiatra Richard Tuch escreveu sobre o fenômeno e o definiu como uma síndrome, com causas, sintomas e resultados próprios.

O perigo mora ao lado

Agora que você tem uma compreensão geral dos tipos de mulher que podem se interessar por seu marido e por quais motivos, vejamos em que partes da sua vida elas podem estar ou atuar. De acordo com a dra. Helen Fisher, "é essencial selecionar muito bem as amigas, e é incrível como poucas mulheres fazem isso". Há uma grande verdade nisso.

Da mesma forma que a maioria dos acidentes ocorre bem perto de casa, muitos casamentos desabam a partir do envolvimento do marido com pessoas próximas ao cotidiano do casal: colegas de trabalho, vizinhas ou até uma amiga da mulher. Nesse caso, estamos falando de uma amiga *sua* ou da mulher de um amigo do casal.

Mas por que a traição poderia ocorrer com frequência justamente entre amigos? Porque tendemos a criar relação de amizade com pessoas que partilham nossos gostos. Somos atraídos por quem tem os mesmos valores, interesses, formação e até aparência física. Para alguns, isso se chama "afinidade eletiva". Infelizmente, ao nos aproximarmos de pessoas semelhantes, trazemos alternativas interessantes (como afinidade com alguns de nossos atributos especiais, por exemplo) para perto de nossa intimidade, nossa família e, é claro, nossos parceiros. Os amigos são, além de desejáveis (afinal, foram escolhidos porque nos identificamos com eles), bastante próximos, e podem se revelar o pior inimigo de um casamento — como no caso do Cavalo de Troia, do lobo em pele de cordeiro, da raposa incumbida de cuidar do galinheiro...

Pense um pouco: os amigos do casal em geral têm amplo acesso, boas oportunidades e, em alguns casos, nenhum limite. Vamos começar pelo primeiro aspecto.

Boas amigas?

Quem mais, além de uma amiga de confiança, desfruta de acesso amplo à casa e à intimidade do casal? Ninguém. Sua grande amiga conhece os detalhes emocionais do seu relacionamento e provavelmente é bem-recebida sempre que tem uma dificuldade, precisa de ajuda ou apenas quer bater papo. Se você está ocupada, não há problema: ela tem bom relacionamento com seu marido também. E não há nenhum interesse nisso, por enquanto. De acordo com as pesquisas e com a experiência, porém, os homens gostam de variedade, e algumas mulheres aproveitam essa característica como uma estratégia de aproximação. (Em um dos estudos, mais da metade das entrevistadas admitiu ter tentado investir no parceiro de outra mulher).

As pesquisas também mostram que essa familiaridade estimula sentimentos positivos. O chamado efeito de "propinquidade" (em latim, *propinquitas* significa "proximidade") designa a realidade na qual a intimidade e a exposição constante levam ao estímulo de um vínculo, pelo menos no início. Em outras palavras, quanto maior a proximidade do seu marido em relação a um estímulo (vizinha, amiga ou cunhada), maiores as chances de ela vê-lo com outros olhos. É curioso notar que isso parece ocorrer apenas quando as sensações iniciais em relação ao "estímulo" são neutras. Pense nas implicações curiosas e perigosas desse efeito dentro do círculo em que você e seu marido vivem. Ano passado, ele estava falando a verdade ao comentar que sua melhor amiga não tem graça nenhuma. No entanto, depois que ela se divorciou, ele começou a vê-la de outra maneira... A proximidade ao longo do tempo a tornou mais atraente na visão do seu marido.

Oportunidades

Agora, vamos examinar o que suas amigas, vizinhas ou até irmãs têm em comum com você: diversas oportunidades de partilhar tempo e experiências com seu marido. Agora que você sabe que a proximidade pode propiciar outros estímulos, seu dever é prestar atenção para que pessoas próximas não se aproveitem de suas inseguranças e fragilidades ou do acesso às vulnerabilidades do seu relacionamento. Você pode restringir as oportunidades de aproximação quando ficar claro que seu parceiro está suscetível à sedução.

Você é a esposa, e uma de suas prerrogativas é ter controle sobre as pessoas que participam do universo conjugal em função de laços afetivos, familiares ou de afinidade — tanto em relação a você quanto a seu marido. Se você achar que sua irmã requer atenção exagerada dele, posicione-se claramente. Se julgar que sua vizinha demonstra interesse excessivo nos assuntos que agradam a seu marido ou não tem pudores em afirmar que está solteira, dê uma cortada. Não estimule nem permita flertes entre uma amiga e seu marido, nem tolere sinais de exibição e/ou insinuações perigosas. Esse tipo de comportamento desrespeita você e seu casamento, e pode indicar o início de um declarado processo de apropriação do que é seu — bem embaixo do seu nariz.

Você pode e deve agir de forma a evitar que a rival siga em frente na tentativa de seduzir ou impressionar seu parceiro. Mantenha distância e deixe claro ao cônjuge o que pensa a respeito, revelando sua atenção ao caso e afirmando que espera que ele também adote uma postura defensiva. Demonstre seu descontentamento, faça barulho e prepare-se para algumas dissimulações. Estudos recentes demonstram que, quando se trata de proteger o marido das intenções de uma colega, amiga ou parente do mesmo sexo, o melhor a fazer (de acordo com a dra. Helen Fisher) é escolher melhor as companhias. Ao fazer isso, você está reagindo a um comportamento que a deixa desconfortável ou a uma ameaça. Mas tenha em mente que no amor e na guerra vale tudo, e que a dissimulação pode fazer parte desses dois cenários.

Como escolher companhias melhores? Para começar, mantenha as amigas "disponíveis" a uma distância segura de seu marido. O mesmo vale para amigas casadas conhecidas pelo comportamento promíscuo. Prefira contar com um círculo de amigos confiáveis e queridos. Esqueça a vizinha recém-divorciada que vive precisando de alguém para resolver os problemas no computador... Prefira dizer que seu marido está ocupado e pronto.

Confie nos seus instintos e corte a aproximação ao achar ou sentir que uma mulher, declarada ou sutilmente, dá sinais dúbios para seu marido de que tem algum interesse ou de que se encontra disponível. Um modo de abrandar a situação é deixar claro para a pessoa envolvida que sabe o que ela quer ou está planejando, e que você está disposta a ir até onde for preciso para proteger o que construiu. Se a conversa chegar a esse ponto, provavelmente a amizade acabou. Caso se trate de sua irmã, talvez seja o momento de sugerir um afastamento intencional, até mesmo de alguns anos. Se em qualquer situação lhe parece que alguém da sua esfera pessoal age, fala e se veste como se tivesse essas intenções, não duvide: ela provavelmente quer se aproximar do seu marido, ainda que negue. Faça o que é melhor para você e para o seu casamento: afaste-a e deixe claro por que fez isso. Se ela não respeitar o recuo, passe a isolá-la abertamente.

No que se refere às amigas de seu marido, mesmo que elas não demonstrem sinais de interesse, pode valer a pena estar presente nos eventos sociais e manter os olhos e os ouvidos sempre bem abertos. Se uma amiga é bastante citada nas conversas e de repente desaparece do assunto, preste atenção. Procure se organizar para almoçar com seu marido durante o horário de trabalho ou encontrá-lo para um drinque após o expediente. Deixe claro que você está presente e atuante e que o relacionamento do casal permanece forte e saudável. Se for preciso, converse abertamente com ela de forma a deixar claro que você está dentro, enquanto ela está fora (mais informações sobre essa estratégia no capítulo 10). Se seu marido endossar essa postura, não restarão dúvidas.

Uma boa recomendação é jamais se deixar enganar ou cair na complacência porque a amiga, irmã ou vizinha (ou ainda a mulher do amigo do seu marido) não é tão bonita quanto você. Nem todas as potenciais ameaças ao lar decorrem de uma beleza física de encher os olhos. Em anos de experiência em meu consultório, vi muitos maridos tentados por mulheres disponíveis e não necessariamente bonitas depois que as lindas esposas caíram no erro de achar que só belos corpos encantam os homens. Isso é um engano. Algumas mulheres conseguem compensar a falta de atributos físicos com outras habilidades, inclusive sexuais. Elas consolidam seu poder conseguindo fazer o homem se sentir muito bem ao seu lado.

Pense nisso: mulheres assim nunca podem contar com a beleza, por isso se dedicam ao cultivo da capacidade de acolher, agradar e impressionar na cama. Essas são justamente as características que um homem pode priorizar na busca de um outro relacionamento, caso a experiência atual envolva uma mulher de aparência esplêndida, mas sem a habilidade de atender às suas demandas emocionais ou sexuais.

Para esse tipo de homem, as características psicológicas e a disponibilidade física de uma mulher não tão bonita podem, sim, compensar o fato de, para a maioria das pessoas, ela não ter nada de mais. Mas a boa notícia é que essa mulher desprovida de encanto físico precisa se aproximar do alvo para convencê-lo de seus talentos. E é aqui que a técnica de "estabelecer fronteiras" entra em ação. Na condição de esposa, cabe a você zelar pela integridade de seu lar e de seu casamento. Sua atribuição é se certificar de que a amiga, vizinha ou irmã que potencialmente representa perigo não contará com tempo nem oportunidade para investir na empatia com seu marido ou na disponibilidade sexual dela. Se você não proporciona o que ele quer, o que ele tentou dizer que deseja ou o que você tem preferido ignorar, seu marido pode estar vulnerável e se tornar uma presa fácil — o que possibilita a aproximação da outra parte interessada.

Finalmente, sabemos que as pessoas tendem a se casar com parceiros com inteligência, formação, valores e atratividade física similares. Sua vizinha pode saber que seu marido não está disponível para um envolvimento longo, mas talvez tenha consciência do que ela pode oferecer a curto prazo em termos sexuais, se conseguir se aproximar o bastante para fazê-lo perceber a oportunidade de um caso amoroso com baixo risco de ser descoberto. Muitas mulheres apostam nesta abordagem apenas como isca, para em seguida começar uma relação mais profunda, com intenção de um comprometimento maior — na verdade, o objetivo verdadeiro desde o início. Esta estratégia é o equivalente evolucionário da antiga técnica de "jogar a isca, esperar o peixe morder o anzol e então puxar a linha" que, de acordo com a pesquisa, tem funcionado de forma eficiente desde que o mundo é mundo: se a mulher descobre o caso "de baixo risco" e pede o divórcio, o marido torna-se disponível.

Mais uma vez, o segredo está na prevenção. Mantenha as guardas do casamento bem-erguidas e seja intolerante com eventuais mulheres que demonstrem qualquer interesse por seu marido. Deixe bem claro que você está atenta e mande-as investir em outro casamento, em que talvez encontrem uma esposa menos vigilante.

Paixões antigas e oportunidades novas

Depois de abordar algumas das "armadilhas" mais comuns, chegamos a outra importante fonte de preocupação: a antiga namorada, que agora ressurge solteira e disponível. Ela não está mais comprometida e gostaria de recuperar antigas amizades, por isso procura o seu marido após um reencontro casual, uma busca na internet ou a contratação de um detetive para esse fim! O fato de sua potencial presa talvez estar comprometida não significa muito para uma mulher ousada.

Seu marido deveria comentar com você sobre essa reaproximação. Caso não o faça e aceite a iniciativa inocentemente, o próximo passo será um convite para um almoço ou um jantar — sem a sua presença, claro.

Nesse momento, caso ele siga em frente e não conte nada, está fazendo o jogo e permitindo que uma pessoa de fora invada o território conjugal. Ao manter o contato em segredo, ele entra em um terreno pantanoso e rompe uma das bases essenciais de um bom casamento: a comunicação aberta e honesta. Ao saber o que está acontecendo, é seu dever expressar que a situação faz com que se sinta uma intrusa no próprio casamento, e que você gostaria de ser incluída nas novas relações com velhos amigos.

Talvez seu marido escolha outro caminho, peça desculpas e revele o histórico da reaproximação, comentando os encontros, e até a convide para participar de eventuais contatos, de forma a legitimar a relação como uma amizade do casal. Caso ele parta para uma postura defensiva e evite o assunto, acione o seu mecanismo de "proteção dos limites de casamento". Mas se ficar óbvio que você está sendo excluída da agenda e que ele está reacendendo alguma chama do passado, será preciso se preparar para manter com firmeza sua posição de fêmea alfa. Embora a antiga namorada conte com a vantagem de ter um passado romântico com seu marido, não deixe essa herança afetar o futuro de vocês. Provavelmente ela aposta na possibilidade de reacender nele a idealização pelos tempos de jovem, de forma a desvalorizar a vida que ele tem no presente (ou seja, com você).

Se seu marido considera que a juventude (como a época da faculdade, por exemplo) foi o melhor período de sua vida, uma antiga faísca desse passado pode reativar uma rede de lembranças e nostalgias que, com o tempo, adquire mais força. Se a fase partilhada pelos dois foi realmente marcante para ambos, ela não irá hesitar em recorrer a fotos e músicas da época para levar o parceiro de volta a um tempo de inocência, vigor, saúde, frescor e otimismo. Como conter a poderosa força da saudade? Trazendo seu marido de volta para o presente, lembrando-o da história de vocês, dos tempos de namoro, do início do casamento, da chegada dos filhos, ou revivendo episódios importantes e marcantes para os dois.

Em termos psicológicos, a técnica mais eficiente para neutralizar a antiga chama é colocar o foco nos aspectos positivos da relação atual e conter sua vingança, de forma a preservar a visão que seu marido tem de si mesmo. Você quer afetar a imagem da ex-namorada, e não a autoimagem dele. Nessa situação, é preciso tomar cuidado para não depreciar a juventude do seu marido. Se você só conhece a ex-namorada por meio de fotos antigas, faça comentários do tipo: "Para a época, ela usava um penteado na moda", desejando que ela não tenha atualizado o visual até hoje. Se você a viu nos tempos recentes, diga algo como: "Ela era bem bonita, mas o passar dos anos foi cruel. Nem dá para acreditar que vocês têm a mesma idade."

Caso você jamais a tenha visto, não há problema. Siga a mesma estratégia e, por meio de palavras (as mulheres são ótimas nisso, portanto, invista nessa arma), refira-se à ex-namorada como alguém que jamais causaria interesse em seu marido. Se ela insistir em manter contato ou encontrar-se com ele mesmo sabendo que é casado, tente dizer algo como: "Parece que ela não é o tipo de pessoa que sabe respeitar os outros" ou "Me pergunto se ela tem consciência de que está assediando um homem casado". Esse tipo de comentário faz seu marido perceber que você não se sente intimidada pela presença dela e que, em sua opinião, não há nada de elegante ou gentil (e sim um aparente desespero) em insistir na volta ao passado.

Após ter identificado o inimigo, invista na preservação do bem-estar de seu parceiro. Se você não tem feito isso ultimamente, é uma boa hora para começar. Se ele for como a maioria, gosta de ouvir elogios. Você o conhece melhor, por isso comente sobre algo que ele sabe fazer bem, seja na condição de amante da culinária ou de parceiro de cama. Elogie de forma sincera e consistente. Não minta nem force a barra, pois esses são sinais de desespero que podem custar a confiança dele.

Em resumo, trate a antiga namorada da mesma forma como trataria uma rival que tenta abalar a estabilidade de seu casamento. Não demore a reforçar as barreiras do relacionamento e não desanime na tarefa de alimentar a chama que existe entre vocês. Só baixe a guarda quando tiver certeza de que o "fantasma" voltou para o passado. E não se esqueça: você tem a posição, a condição e os direitos de companheira para preservar os limites e manter a integridade da relação. Deixe que o encantamento com o passado se extinga, reforçando a ideia de que você não é inferior a ninguém e, ao contrário da ex-namorada, conta com um companheiro a seu lado.

Os papéis de cada um

Mas o que fazer se seu marido deixou a ex-mulher para se casar com você? Ou, em outras palavras, se você já exerceu o outro papel e agora se vê na situação de preservar o seu casamento com a chegada de uma terceira pessoa?

O melhor a fazer é usar a experiência a seu favor. Como já passou por isso, você pode ser uma ótima detetive de casos extraconjugais! Caso veja seu marido repetir com você algumas técnicas usadas com a ex-mulher (quando ele era casado e vocês se envolveram, por exemplo), estará certa ao redobrar a atenção. Quando se diz que uma onça não perde as pintas, a sabedoria popular refere-se a traços psicológicos que às vezes acompanham as pessoas. Se o filósofo Heráclito estiver certo, o caráter do homem faz o seu destino, ou seja, a personalidade de seu marido pode dar sinais sobre o rumo do casamento.

Mas não se desespere. Não é só porque ele traiu a esposa quando a conheceu que fará a mesma coisa com você. A maioria das pessoas muda conforme cresce e passa por novas experiências, o que significa que pode alterar o comportamento, se optar por isso. Embora alguns traços permaneçam, a oscilação moral das pessoas pode se deslocar com a idade e a experiência. A forma mais eficiente de conter a infidelidade (não importa em qual tipo de união) é identificar as vulnerabilidades do relacionamento e abordá-las de forma aberta e positiva.

Se a relação está dominada pela tensão ou por fatores de estresse, um dos modos de encontrar alívio é a companhia de alguém que propicie sensação de conforto e descontração. Como você sabe que ele já traiu uma vez, convém redobrar a atenção e o cuidado. Mostre-se disponível para ele e estimule-o a celebrar o vínculo que existe entre vocês. Talvez valha a pena lembrá-lo de que ele passou por uma mudança drástica para viver a seu lado (ao se separar da ex-mulher e, talvez, afastar-se de toda a família) e que agora você espera que ele dê prioridade à relação de vocês.

A "outra" é um homem

Ainda que a maioria dos seres humanos se defina como heterossexual, muitos pesquisadores acreditam que temos impulsos sexuais que variam de totalmente heterossexual a totalmente homossexual, com gradações no meio. Quanto maior a proximidade com a escala totalmente homossexual, por exemplo, maiores os impulsos de procurar um relacionamento (emocional, físico, intelectual) com uma pessoa do mesmo sexo. O mesmo vale para a situação oposta. Mas algumas pessoas se encontram no meio dessa escala e podem ter desejo tanto por homens quanto por mulheres. São os chamados bissexuais. Algumas vezes, o gênero de maior preferência muda em diferentes etapas da vida, dependendo da idade ou do momento, ou então a atração alterna-se igualmente por homens e mulheres (como declarou a atriz Angelina Jolie).

A maioria das situações envolvendo um triângulo com dois homens e uma mulher começa a partir do marido (e não do amante dele), que não consegue conter seu ímpeto por sexo ou relação afetiva com um companheiro do mesmo sexo. Amity Pierce Buxton, autora do livro *The Other Side of the Closet: The Coming-Out Crisis for Straight Spouses and Families* [O outro lado do armário: a crise das descobertas para os cônjuges heterossexuais e suas famílias], estima que mais de dois milhões de casamentos nos Estados Unidos envolvam um cônjuge heterossexual e outro bissexual ou homossexual.

No mundo das celebridades, com frequência há notícias de mulheres que descobrem que o amante do marido não é uma mulher. O fundador da revista *Rolling Stone*, Jann Wenner, deixou a mulher em 1994 para viver com o ex-modelo da Calvin Klein Matt Nye. O casamento dele acabou, mas outros continuaram (ou até melhoraram), ainda que com regras novas. O músico Leonard Bernstein abandonou a mulher para viver com Tom Cothran, mas voltou aos braços dela quatro anos depois.

Se seu casamento tem salvação, e sob quais circunstâncias, depende de como seu marido se define — gay, bissexual ou heterossexual com algumas curiosidades. (De acordo com seus próprios depoimentos, homens como Hugh Heffner, David Bowie e Mick Jagger tiveram vários envolvimentos homossexuais na década de 1970.) Segundo pesquisas, se um homem se identifica como bissexual acaba se casando com uma mulher, mas para satisfazer suas pulsões homoeróticas procura parceiros do mesmo sexo para encontros casuais.

Ao contrário do que acontece quando se trata de uma rival do sexo feminino, não há como competir com o amante do marido, por melhor que seja sua conversa a respeito e por mais que se esforce para resolver a situação. Alguns casais tentam um acordo ao aceitar a tendência homossexual, de forma a satisfazer as necessidades dentro do casamento; ou aceitam que o marido irá procurar sexo com outro homem no futuro; ou, finalmente, o homem se resigna a ignorar seus impulsos homossexuais. Mas se seu marido está na situação de "sair do armário" porque não quer mais esconder quem é nem viver da mesma forma, não há muito a ser feito e nem convém tentar.

Resumindo, o que fazer quando seu marido deseja outro homem depende do que você realmente quer e do grau de envolvimento dos dois. Em geral, para enfrentar situações assim o melhor é procurar uma terapia. Você irá descobrir que seu caso não é o único, o que não diminui a mágoa nem a sensação de traição, mas pode ajudá-la a lidar com essa questão delicada.

Amantes temporárias

Abordamos agora um tipo específico de relacionamento extraconjugal: o da amante que não quer ocupar o posto de esposa. Em geral, existem dois tipos bem-definidos:

Segunda família

Algumas mulheres tornam-se amantes de um homem casado sabendo muito bem que ele não pretende se separar da esposa e da família. Muitos políticos tiveram envolvimentos assim. Um dos casos mais célebres envolveu o ex-presidente francês François Mitterrand, que chegou a ter uma filha com a amante de décadas. A atriz Katherine Hepburn relacionou-se a vida toda com Spencer Tracy, e o famoso aviador Charles Lindbergh manteve vários casos paralelos ao casamento, todos com filhos. Até o repórter norte-americano Charles Kuralt manteve uma amante por um longo tempo em uma região de Montana. A "outra" só se manifestou publicamente ao abrir um processo para reivindicar a herança de algumas propriedades (mais informações sobre os aspectos legais nos capítulos 10 e 13).

Embora possa adotar uma postura beligerante após a morte do amante, em geral, durante a vida, ela se mostra contente com o tempo e a energia que recebe do marido da outra. Ela compreende que o parceiro tem seus compromissos com a família "oficial" e que não pretende abandonar esposa e filhos para assumir um romance. Caso a mulher peça o divórcio, porém, as coisas mudam — basta lembrar o caso do príncipe Charles e sua amante, Camilla Parker Bowles, transformada em esposa após uma vida inteira à sombra.

Mas por que uma mulher iria aceitar o papel secundário de amante vitalícia? Em geral, a base da explicação está na baixa autoestima. No fundo, ela acredita que o acordo "parcial" que tem com o amante é o melhor que ela poderia obter de um homem da classe e da posição dele, pois, do contrário, exigiria mais. Ela atende às conveniências dele sem jamais se tornar prioridade, e sabe disso. Quando o amante tem disponibilidade, eles se encontram; quando decide cancelar no último momento, o faz sem problemas. Nada de exigências ou cobranças. Ela assume seu lugar no triângulo, resignada. Está sempre à disposição e jamais em primeiro plano.

Muito raramente nascem filhos desse tipo de relacionamento, pois a maioria dos homens não quer herdeiros ilegítimos. Em geral, a amante vitalícia só é mãe se teve filhos de um relacionamento anterior. Apesar de todas as implicações desse acordo, algumas relações desse tipo duram a vida toda, a não ser que a mulher envolvida tenha uma explosão de autoestima e decida deixar de ser "a outra". Outros fatores para o fim de um caso com essas características ocorrem quando o marido, ou o casal, procura uma terapia para encontrar uma forma de encerrar o triângulo amoroso, ou a mulher se cansa e pede o divórcio. Algumas vezes, porém, quando a mulher decide abandonar o casamento, o marido se casa com outra mais jovem e finalmente abandona a amante — que fica perdida, descobrindo-se mais velha, amarga e cheia de ressentimento.

Curta duração

Na outra extremidade está a amante temporária, normalmente o tipo de mulher que conta com uma vida social e profissional agitada. É a personalidade abordada no livro de Laurel Richardson, *A nova outra mulher*. Ao contrário daquela que pressiona o amante para que abandone a esposa e assuma o relacionamento, esta prefere que tudo continue como está, a fim de preservar sua vida pessoal. A intenção é não abrir mão de nada, e para isso essa amante temporária exige total autonomia para desfrutar o romance, o prazer e os segredos com o marido de outra. Quase sempre o mistério, o perigo e o "gosto de proibido" são elementos essenciais para a continuidade da relação.

A amante temporária "rouba" o tempo do parceiro para viver uma aventura, nada mais. Quer aproveitar os bons momentos sem comprometer sua liberdade. Não quer nem de longe assumir as responsabilidades atribuídas a uma esposa: prefere ficar com a parte boa, como uma intensa aventura sexual, jantares caros, viagens a destinos exóticos e, dependendo das circunstâncias, um certo apoio financeiro, profissional ou emocional enquanto a relação durar.

Por incrível que pareça, e apesar da aparente falta de profundidade no relacionamento, este tipo de caso não representa menos perigo do que os que envolvem uma amante disposta a se tornar esposa na primeira oportunidade. Quanto maior a independência e leveza da amante, mais interessante ela se torna aos olhos do homem. Ela é a namorada jovial e você, a esposa sisuda — não importa qual a idade das duas. Ela impressiona seu marido com a incrível habilidade para os esportes, enquanto você é a que fica em casa, com ar cansado e indisposta depois de noites ao lado do filho doente. O marido pode se sentir inebriado com o vigor dela e angustiado com a sua ansiedade. A competição pode ser difícil, pois a amante representa o (doce) universo da fantasia, e você, o (árduo) mundo real. Não há nada de agradável na aproximação deste tipo de mulher, mas sempre existem modos de tirá-la de cena.

Felizmente, a sensação de "valer a pena" desse tipo de amante é tão flexível quanto seus próprios interesses. Ela pode abandonar o amante depois de um ano, ou quando o encanto do romance começar a se apagar. É provável que, nesse momento, ela já tenha identificado outro amante para começar uma aventura e um novo romance cheio de emoções. Afinal, seu lema é: "se acabou a ilusão, acabou o envolvimento." Mas isso não significa que seus problemas desapareceram. Um caso com uma amante passageira (que dispensa o parceiro quando ele ainda não está preparado para a separação) pode fazer com que seu marido passe a desejá-la ainda mais e lamentar a perda. E um parceiro com saudade da amante não é bom para o casamento. Nesse caso, a melhor saída é procurar uma terapia para identificar primeiramente o que o levou a entrar na aventura e os motivos pelos quais ele lamenta a perda de alguém que o usou, ao mesmo tempo que fere a esposa, a quem está legal, moral e emocionalmente ligado (as várias formas de terapia de casal são explicadas no capítulo 10).

Finalmente, convém lembrar que este tipo de amante pode ter vários rostos e surgir em diferentes etapas da vida. Ao contrário do que se costuma pensar, a maioria das amantes temporárias não é um clone da Angelina Jolie, e sim bem mais próxima da "mulher comum" que conhecemos (mães, executivas, professoras, enfermeiras ou donas de casa), com apetite para vivenciar algo novo. Não se iluda achando que seu marido jamais se envolveria em uma aventura assim, pois o combustível para romances casuais é o desejo de variedade e novidade, e ninguém está imune a isso. Por essa razão, por mais curioso que pareça, quanto mais diferente a "outra" for de você (ou do seu tipo), maior a atração, pelo menos inicialmente. Vou falar das medidas para proteger seu casamento deste e de outros tipos de abordagem nos capítulos seguintes.

Capítulo 4 – Como funciona a mente da sua rival

Agora que você sabe que existem outras mulheres (e quem sabe até alguns homens) interessadas no seu marido, a compreensão dos processos mentais pode ajudar a identificar os perigos e os motivos que os movem. Em primeiro lugar, vale lembrar que a maioria das pessoas prefere não se envolver com homens casados (sobretudo quando há filhos na história). Isso acontece porque todo mundo sabe que se trata de uma situação complicada, sem falar no desgaste emocional e nos custos de uma aventura. Muitas pessoas não querem nem pensar em carregar para sempre o estigma de "destruidora de lares".

Por isso, considerando as regras sociais que valorizam o casamento e a família (e condena quem atenta contra essas instituições), por que alguém entraria por vontade própria nesse turbilhão? Em alguns casos, porque é conveniente (como no caso da amante temporária); em outros, porque não se trata de roubar o marido de ninguém, mas sim de "pegar emprestado" por um tempo. Em outros exemplos ainda, as pessoas se encontram e acreditam que é obra do destino, não importa o que isso custe para a família dele. E há ainda a população feminina nascida depois de 1945, que enfrenta a escassez demográfica, já que o número de mulheres no mundo é bem superior ao de homens.

É bem mais fácil afastar rivais desse tipo do que a caçadora decidida, que investe no seu marido simplesmente porque é o que quer, sem se importar se causará dano aos outros. Em muitos casos, fica claro que a mulher que deliberadamente destrói um casamento com determinação assombrosa sofre de um distúrbio de personalidade ou outra implicação psicológica, como transtorno bipolar, por exemplo, que a leva a ignorar ou até mesmo a desafiar as regras e os limites da sociedade. Em outras palavras, esse tipo de mulher conta com processos mentais definidos — e não seios firmes, beleza estonteante ou inteligência superior, como você pode achar — que a distinguem de você e do resto do mundo "não neurótico". Neste capítulo, saiba o que esperar caso uma rival com algum tipo de desvio psicológico surja no seu caminho.

Transtornos mais comuns

Em geral, um transtorno de personalidade envolve várias características definidas (modo de pensar, sentir, fazer associações, agir e reagir) no trato pessoal e social. Uma pessoa com transtornos pensa, sente, percebe e reage a situações sociais de uma forma indesejada e diferente do que fariam os demais. Esses pensamentos ou comportamentos inadequados afetam a habilidade individual de agir por não estarem em consonância com a norma cultural vigente.

Convivemos todos os dias com pessoas que têm transtorno de personalidade. Compreender como funcionam suas motivações e seu "sistema operacional" psicológico ajuda a se proteger e a blindar seu casamento caso uma pessoa com o distúrbio entre em sua vida. Os diferentes tipos de transtorno foram descritos no *Diagnostic and Statistical Manual of Mental Disorders* (DSM) [Manual Diagnóstico e Estatístico de Desordens Mentais], publicado pela Associação Norte-Americana de Psiquiatria. A obra é referência para profissionais da área de saúde mental (psiquiatras, psicólogos e pessoas com atuação social) para diagnósticos e prescrição de tratamentos. Trata-se da bíblia dos terapeutas.

Muitos transtornos de personalidade têm características em comum, e é importante ter isso em mente para avaliarmos os perfis narcisista, *borderliner* e antissocial, os mais comuns entre mulheres que se envolvem com homens casados. Logo em seguida aparecem as portadoras de transtorno histriônico (são as rainhas do drama, similares às narcisistas, que canalizam suas ações para causar impacto e garantir atenção a todo custo) e de transtorno da personalidade dependente (pessoas que se sentem incapazes de tomar as próprias decisões). Este último transtorno é discutido mais profundamente no capítulo 8.

Amantes narcisistas

Uma pessoa narcisista se concentra apenas nas próprias necessidades. As pessoas presentes em seu caminho estão ali para servi-la e manter elevado seu ego. Ela vem sempre em primeiro lugar e não se interessa nem se preocupa com as emoções alheias ou as consequências de seu comportamento. Simplesmente não se importa, e isso cria uma zona perigosa para quem faz parte de seu círculo mais próximo. Para uma pessoa com esse perfil, não há problema nenhum em manipular os outros. Afinal, o que rege seu comportamento é a necessidade de atenção, adoração, devoção e elogios, e não os sentimentos de pertencimento, decência ou respeito pelos outros, sejam homens ou mulheres.

Uma vistosa aliança de ouro na mão esquerda de um homem não significa nada para uma narcisista, a não ser que se trate de um sujeito provavelmente estável, saudável e capaz de manter um compromisso — e isso lhe interessa. Embora nem toda destruidora de lares seja narcisista, muitas o são. A melhor maneira de se proteger de uma rival narcisista é contê-la antes de ela entrar em ação. Como na maioria dos casos de tentativa de invasão conjugal, a melhor defesa é um bom ataque.

Uma rival narcisista poderá trazer vários desafios a você e a seu marido. Primeiro, como não são tão numerosas assim, poucas pessoas conhecem suas táticas. Acredita-se que os narcisistas correspondem a 1% da população. A maioria (entre 50% e 75%) é homem, mas há mulheres com o mesmo transtorno. Traduzindo para linguagem leiga o que diz o manual publicado pela Associação Norte-Americana de Psiquiatria, uma rival narcisista se deixa dominar por fantasias de sucesso e influência sem limites. Sua autoimagem não significa que ela conta com todos os atributos que imagina ter, mas sim que tem disposição e energia emocional para fazer com que os sonhos se concretizem. E aí está o perigo. As narcisistas tentarão a todo custo atingir seus objetivos, não importa que sejam imensos ou irreais, doa a quem doer. Altamente egoístas, as pessoas com esse perfil acreditam que são especiais e só merecem estar acompanhadas de indivíduos excepcionais. Com essa mentalidade, não falta coragem para abordar o marido de outra com tranquilidade e confiança. Para ela, o homem almejado representa um "igual", à altura de seus talentos e conquistas exagerados.

A narcisista sempre espera ser reconhecida como extraordinária e até superior, não importando a falta de talento, conhecimento ou experiência. Para atingir o que quer, vai até onde for preciso. Se a meta for o seu marido, atenção. Como ela irá implantar o plano de conquista? Pode se aproximar de alguém das relações profissionais do seu marido para ganhar proximidade física, e em seguida partir para a proximidade emocional. Bem-posicionada, a amante narcisista irá agir de forma direta (esqueça os intermediários) e dissimulada, como oferecer um presente simples: um relógio de mesa ou um porta-retratos para as fotos dos filhos. Quem vai se opor a isso? Afinal, os filhos também são seus, certo? Errado.

Se seu marido aceitar a oferta "inocente", a mulher dará sequência à caça. Lembre-se de que uma mulher com personalidade narcisista não "funciona" sob as convenções respeitadas pela maioria das pessoas. Além disso, até aqui seu marido não suspeita de nada e não vê intenções no gesto "atencioso" da rival. Por isso, quando uma pessoa narcisista conduz o assunto para o casamento (você), está recolhendo informações valiosas na identificação dos pontos fracos. Falar da família e dos filhos é algo convencional e corriqueiro, e por isso nenhum alerta dispara. E é aí que a rival avança.

Amantes *borderliners*

Se você acha que as narcisistas são difíceis, espere até conhecer o perfil de uma pessoa com transtorno do tipo *borderline* (também chamado de limítrofe). Nesse contexto, *borderline* significa que a pessoa se encontra na fronteira de diversas possibilidades. Não chega a ser psicótica (grupo que será abordado mais adiante), mas é caótica e ansiosa, angustiada com a autoimagem negativa e com a crença de que todos são frios, insensíveis e ingratos.

Em primeiro lugar, uma rival desse tipo costuma exigir bastante. Ela precisa receber atenção imediata, geralmente tem pouca paciência, pode sentir raiva e reagir de forma exagerada por motivos insignificantes. Para ela, a única coisa constante é a inconstância. A rival *borderliner* pode passar do amor intenso ao ódio mortal em segundos. No mundo dela, não existem sutilezas.

Em geral, a formação da opinião das pessoas oscila entre a idealização e a depreciação total — depende da percepção momentânea dela, e só. Para quem tem esse transtorno, a história pessoal e o contexto específico não são levados em conta nem servem como atenuantes. Os outros são amigos ou inimigos, bons ou maus, estão certos ou errados. Enquanto as outras pessoas conseguem ver as variações do cinza, para uma *borderliner* há somente o preto e o branco. Quem não a apoia é um inimigo — simples assim — e merece se tornar alvo de sua fúria. Em momentos em que outros se esforçam para conter os impulsos, ela despeja as emoções sem se preocupar com as consequências. As manifestações de ódio (até mesmo com ataques físicos) são modos naturais de comunicação. Além disso, alguns portadores desse transtorno de personalidade são propensos a iniciativas suicidas ou à automutilação.

Se minha descrição não basta para dar uma ideia de como funciona uma mente com esse distúrbio, pense em Alex Forrest, a amante perigosa e descontrolada, muito bem-interpretada por Glenn Close no filme *Atração fatal*. Alex, a incrível *borderliner*, exibia quase todos os sintomas clássicos: era instável, volátil, caótica, sem limites e sem controle dos próprios impulsos. Oscilava entre a adoração e a destruição do objeto de seu amor e ódio. Era carente, ansiosa, depressiva e apavorada com a ideia do abandono, sentindo-se algumas vezes desvalorizada, e outras, muito especial. Sem respeitar nenhuma regra, era capaz de se aproximar da automutilação e do suicídio para subitamente apresentar uma sensualidade explosiva. Era extremamente vingativa (o que podia levar a uma iniciativa violenta, embora raramente a um assassinato) quando sentia que suas exigências não foram cumpridas.

Estatísticas recentes afirmam que 2% da população mundial sofrem de transtorno de personalidade *borderline* — em sua maioria, mulheres (cerca de 75%). Embora muitos adolescentes demonstrem propensão a esse transtorno, grande parte dos profissionais prefere diagnosticar o problema apenas depois dos 18 anos, pois antes disso a personalidade ainda está em formação. É curioso notar que um grande percentual de portadores do transtorno foi vítima de algum tipo de abuso (sexual, psicológico, físico) ou negligência na infância, e que a maioria apresenta um estilo inseguro, ansioso ou ambivalente.

Independentemente do caminho que o levou ao transtorno, em geral esse grupo se destaca, sobretudo, pela incapacidade de controlar as emoções fortes. Paradoxalmente, a incapacidade geral desse tipo de pessoa em conter as emoções e reagir sem medida leva os outros a enxergar esse comportamento de forma negativa, o que pode causar a concretização do seu maior temor: ser abandonada.

A típica amante *borderliner* é imprevisível, ardilosa e muitas vezes autodestrutiva. Ela se comporta dessa forma por causa de um distúrbio de identidade, o que significa que não tem noção precisa do que a faz mudar de postura. Enquanto a maioria de nós tem uma ideia clara de quem é e como funciona, isso não ocorre para quem tem esse transtorno. A falta de autocompreensão conduz a um quadro de depressão profunda e muito medo de ser abandonada, situação que ela tenta cobrir com uma camada de arrogância e falsa ousadia. Dentro dessa personalidade em conflito existe um ser humano triste e que se sente ameaçado, que luta para esconder essa face. O que se vê na superfície de uma *borderliner* é muito diferente do que existe no seu interior, sobretudo quando ela está disposta a colocar as garras no marido de alguém.

Mas por que seu parceiro daria atenção a essa criatura do caos? Porque para tentar capturar uma vítima (seu marido), a *borderliner* é capaz de esbanjar charme e mistério, sem falar da grande habilidade sexual. Acostumada a encobrir seu vazio interior, essa rival é ótima em fazer alguém se sentir o centro do universo. Mais que sedutoras, as *borderliners* podem ser manipuladoras e sagazes, especialistas em encontrar alguém que cuide delas. Conseguem acender o instinto salvador (protetor dos fracos, herói dos oprimidos) de alguns homens. É assim que colocam seu bem-cuidado pezinho na porta da sua tranquila vida conjugal. Quando uma amante *borderliner* potencializar suas habilidades para agradar os homens com sua impulsividade e criatividade sexual, torna-se quase irresistível. Caso a presa caia na rede, a amante ficará tão grata, que demonstrará o quanto ele acertou na escolha fazendo sexo oral embaixo da mesa enquanto ele fala ao telefone com um colega — ou, pior ainda, com sua mulher!

Por todos esses motivos, os primeiros meses de um caso com uma mulher desse perfil podem ser extasiantes, quase uma intoxicação de diversão, libido, explosão erótica e... perigo. Você se lembra das cenas de *Atração fatal* em que Dan Gallagher (personagem de Michael Douglas), um homem casado, advogado, pai e marido infiel, transa com Alex em toda parte? A conexão entre as partes pode parecer uma experiência religiosa.

Vale a pena reforçar que o objetivo de uma *borderliner* é envolver alguém que seja capaz de aplacar as sensações de vazio e de abandono que a dominam. Para conseguir isso, ela irá manter o amante bastante enredado no seu turbilhão, que no começo pode parecer muito atraente... Por isso, se seu marido já foi laçado e aprecia emoções fortes, muito cuidado! Como desconhece limites, a rival pode ser atrevida o suficiente a ponto de envolver a própria esposa no plano de captura da presa. Por isso, preste muito atenção quando uma mulher tentar induzi-la a dar informações sobre o seu marido.

Amantes antissociais

A maioria das pessoas tem dificuldade para compreender o transtorno de personalidade antissocial, como os profissionais de saúde mental denominam esse distúrbio. Trata-se do tipo de comportamento que mídia gosta de definir como "sociopata" ou, pela designação antiga, "psicopata". Pessoas que têm esse transtorno não são psicóticas (distinguem a realidade da fantasia e o certo do errado), mas vivem apenas de acordo com o que Freud definiu como id. Trata-se do fator inconsciente que nos leva a satisfazer impulsos primitivos, como a gratificação instantânea no que se refere à comida, sexo ou domínio daquilo que queremos. Para ilustrar, imagine um diabinho instalado no seu ombro dizendo: "Se você quer, vá lá e pegue."

Uma pessoa com transtorno antissocial tem poucos filtros em relação ao que diz o seu id. Por isso, apenas escuta as instruções do "diabinho" para fazer o que quer. É capaz de transar com o marido, o filho ou o pai de outra mulher, e todos na mesma noite, se achar que é isso o que deseja. Uma rival com esse perfil não se controla. Não tem consciência ou empatia, além de mentir, trapacear, roubar, enfim, fazer o que for necessário para atender às suas necessidades. De acordo com a Associação Norte-Americana de Psiquiatria, cerca de 3% dos homens e 1% das mulheres são portadores do transtorno. A pessoa com esse perfil, apesar de, em geral, ser incapaz de amar de verdade, muitas vezes tem excepcionais habilidades na cama.

Pessoas com esse transtorno sabem distinguir a ficção da realidade e o certo do errado, mas simplesmente não se preocupam com isso. Não sentem vergonha, culpa, arrependimento ou ansiedade. Os antissociais não sabem fazer julgamentos corretos, não olham com cuidado para si ou para os outros (isso exige reflexão e distanciamento), e não aprendem com as experiências. Por isso, uma rival com essa personalidade pode ser atraente, inteligente e charmosa. Não deve ser difícil encontrá-la se saindo bem em eventos sociais, pois a falta de ansiedade a ajuda a adotar uma postura calma, com controle, equilíbrio e nervos de aço. Pode tanto ser ousada e impetuosa quanto calma e contida, dependendo do que for conveniente à situação.

Digamos que você tem mesmo uma rival destemida interessada no seu marido. O que vem depois? Ela não poupará esforços para persegui-lo, recorrendo à manipulação quando necessário. Se a técnica fracassar, talvez ela passe para a intimidação, a extorsão ou coisa pior. Seja o que for preciso, irá tentar ou conseguir alguém que tente por ela. Ao contrário da ansiosíssima *borderliner*, a rival antissocial age com frieza (um aspecto essencial para identificar esse transtorno de personalidade em uma pessoa). Com frequência, ela conta com uma habilidade bastante precisa para identificar vulnerabilidades alheias, o que lhe permite perceber aspectos importantes da psique do seu marido sem recorrer a técnicas invasivas ou muito declaradas.

Em geral, uma rival antissocial é graciosa e hábil o bastante para entrar na vida de um homem sem estardalhaço. Mas essa leveza pode se transformar se ela encontrar algum obstáculo. Parafraseando o escritor inglês William Congreve, não há no céu fúria comparável ao amor transformado em ódio nem há no inferno ferocidade como a de uma mulher *antissocial* desprezada. Ela será capaz de qualquer coisa para atingir seus objetivos, até mesmo infringir a lei. Sabemos muito sobre pessoas com esse transtorno de personalidade porque as prisões estão cheias delas, e os pesquisadores não cansam de estudar suas atitudes e formas de comportamento. Naturalmente, os melhores sociopatas nunca são pegos, porque conseguem manipular ou abrir, com habilidade, o caminho para longe dos problemas que criaram. Fique atenta às características que indicam que uma mulher pode ser do tipo antissocial!

Você se lembra do caso da ninfeta de Long Island, Amy Fisher, que atirou no rosto da mulher do amante? Esse pode ser seu futuro caso seu marido se envolva com uma rival com transtorno de personalidade antissocial.

Amantes psicóticas

E por falar em atirar no rosto da mulher do amante, neste caso, a autora dos tiros, Amy Fisher, não era psicótica. Ela sabia muito bem o que estava fazendo e pagou pelo crime com uma sentença de prisão. E, por mais frias que sejam as mulheres antissociais, em geral elas não saem atirando (mas vale a pena prestar atenção nas demais formas de agressividade, como a mentira, a traição e a disposição para a apropriação do que não lhe pertence). Ao contrário de uma pessoa neurótica com um transtorno de personalidade, capaz de agir e de reconhecer a realidade, um psicótico não faz nada disso.

Alguns sinais que alertam para a psicose: delírios, alucinações, comportamento violento, falta de coerência na comunicação, rituais compulsivos ou obsessivos e comportamento excessivamente desorganizado ou catatônico (com duração superior a um dia, sem uso de remédios ou drogas). Felizmente, a psicose afeta menos de 1,5% da população norte-americana e é mais frequente entre homens do que em mulheres. Por isso, são pequenas as chances de seu marido encontrar uma psicótica pela frente. O perigo está quando uma *borderliner* — ou qualquer outra pessoa — se afasta da realidade para o falso mundo das ilusões ou alucinações.

PERFIL DO PORTADOR DE TRANSTORNO ANTISSOCIAL

Quanto mais dessas características uma pessoa acumular, maior a gravidade do transtorno:

Não aceitação impulsiva: Desrespeito a regras, limites e convenções sociais.

Culpa externa: Tendência a racionalizar o mau comportamento e a culpar os outros.

Egocentrismo maquiavélico: Agressividade, egoísmo e postura manipuladora.

Falta de planejamento: Dificuldade em planejar ou pensar no futuro.

Ausência de ansiedade: Grande controle em situações extremas.

Habilidade social: Capacidade de impressionar e influenciar outras pessoas.

Destemor: Disposição a correr riscos sem se preocupar com as consequências.

Frieza e falta de sentimentos: Total desconsideração com as emoções alheias.

Se seu marido se envolver com uma pessoa que parece ter perdido o contato com a realidade, você e seus filhos precisam se proteger. Você pode tentar fazer com que a pessoa passe por uma interdição ou um acompanhamento compulsório, dependendo da gravidade das ameaças. Como medida inicial, informe as autoridades e instale um sistema de segurança na sua casa.

Capítulo 5 – Onde mora a tentação

Agora que você sabe qual é sua possível rival e como ela pensa (sobre si mesma, sobre seu parceiro e talvez até sobre você, se é que ela a leva em consideração), esse capítulo pretende explorar os espaços em que essa rival pode encontrar as melhores condições de levar seus planos de captura adiante.

Vale repetir que garantir um relacionamento constante e sólido com seu parceiro é a melhor forma de "blindá-lo" contra a busca de outras companhias, estímulos ou até mesmo aventuras amorosas fora do casamento. Infelizmente, algumas vezes é preciso lançar mão de outros recursos para proteger seu relacionamento de predadoras que, se tiverem alguma chance, não hesitarão em por fim ao seu belo sonho conjugal.

A imagem de uma "criança em uma loja de doces" pode valer para diversos ambientes nos quais muitas mulheres partem para a caça ao homem que escolherem, sem se preocupar com o estado civil da presa eleita nem com as consequências de seus atos. Para ampliar as chances de preservar o comprometimento de seu parceiro, é preciso abordar as ameaças mais previsíveis que costumam surgir em situações bastante conhecidas e prejudiciais ao casamento.

Embora uma potencial destruidora de lares possa se aproximar do seu marido em qualquer lugar, existem alguns claramente mais propícios. São aqueles onde a "caçadora" sabe que pode contar com condições favoráveis, como a ausência da esposa, a liberdade de ação e a natureza desprotegida de seu marido, ou pelo menos a ingenuidade inicial que ele demonstra ao ajudá-la, ao ouvir seus problemas ou relatos de suas experiências.

Felizmente para as esposas, esses mesmos aspectos que transformam alguns cenários em locais convenientes para casos amorosos são os mesmos que permitem a você redobrar a atenção e evitar a consolidação de um vínculo permanente ou de um dano mais sério ao relacionamento. Quando se trata de "captura de presas", lembre-se de que os ingredientes básicos são a falta de limites de outra mulher e seu acesso à presa (e talvez um transtorno de personalidade) associados a algumas insatisfações de um homem, ao seu desejo tipicamente masculino por novidades e à ação da velha e boa testosterona.

Seja no trabalho, na igreja, no shopping ou em espaços de lazer, tentações não faltam. Se você tiver consciência dos perigos possíveis, você e seu parceiro podem entrar em um acordo quanto às formas de lidar com as inevitáveis paqueras que surgem pelo caminho. Convém avaliar com cuidado as principais zonas de perigo, discutir os graus de riscos conjugais que elas oferecem e determinar o que você deve saber e fazer quando seu marido não está ao seu lado, mas possivelmente bem perto de outras pessoas.

Oportunidades no trabalho

Muitos estudos confirmam que o local de trabalho é um espaço fértil para a atração humana e o surgimento de casos extraconjugais. Muitas mulheres sacrificam a juventude para se dedicar à carreira profissional, mas um dia concluem que já podem se considerar satisfeitas com o que atingiram nesse campo e que é hora de procurar um parceiro. Em geral, tratam-se de mulheres solteiras, divorciadas ou em casamentos infelizes, que um dia prestam atenção no seu marido. Já existe o universo profissional em comum, mas será que há outros fatores de interesse mútuo? Não há como impedir que uma mulher dê início a uma conversa assim, apenas para ver aonde vai parar.

Mas por que o local de trabalho propicia a infidelidade? Por causa de um fator óbvio: a familiaridade (ou o efeito da propinquidade, explicado na página 53), que ajuda na hora de compor os elementos para a aproximação.

Aí, surge aquela mulher mais jovem (com menos de 35 anos), em geral mais aberta a algumas práticas sexuais, sexo oral ou anal, e bastante decidida a usar essa disponibilidade para encantar sua presa.

De uma perspectiva psicológica, talvez o maior perigo seja o fato de o trabalho representar um microcosmo da família. Tanto a possível caçadora quanto seu parceiro se sentem confortáveis, e, de certa forma, têm uma relação de dependência. Ou seja, o acesso está livre e, dependendo do relacionamento deles, as fronteiras podem ser sutis ou inexistentes. Além disso, convém lembrar os longos expedientes e projetos, prazos e conquistas partilhados, que estimulam os mesmos mecanismos psicológicos acionados quando nos apaixonamos. Além da sensação de desejo e de expectativa causada pela reação dos neurotransmissores e dos hormônios da atração, o ambiente de trabalho pode estimular impulsos intensos, ainda que passageiros, que envolvem ocasiões sociais caracterizadas pela diversão e pela descontração, em geral sem a participação de esposas e maridos.

Os ambientes que excluem os cônjuges e estimulam interações entre os colegas são um terreno fértil para a aproximação de pessoas em um espaço familiar e emocionalmente positivo. Basta um pequeno passo para a formação de uma aliança entre seu marido e a colega (ou subordinada, chefe, cliente), selada na forma de um beijo secreto, por exemplo, que se vier a público pode prejudicar a carreira de ambos. Nesse momento, talvez você seja a "estranha no ninho" no próprio casamento.

> **ASCENSÃO FEMININA**
>
> Há cerca de duas décadas, a socióloga Laurel Richardson estimou que as mulheres ocupavam dois em cada cinco postos gerenciais. Hoje, a proporção é outra, porque a presença feminina aumentou em todos os níveis, de cargos auxiliares à presidência.

No que se refere à infidelidade e a casos extraconjugais, estudiosos acreditam que podem existir diferenças entre o ambiente de cada um. Lugares nos quais o contato entre colegas, clientes ou pacientes é maior, ou há mais troca de assuntos pessoais ou grande exposição por causa das jornadas extensas, são propícios à traição. Quanto maior o contato, o tempo partilhado e a exposição social, mais o ambiente estará reproduzindo relações pessoais. Basta lembrar como isso funciona na dinâmica de um casal: o contato leva à confiança e à criação de vínculos, e o toque humano consolida o afeto.

Vejamos o caso de Kevin, um respeitado pai de família. Dentista bem-sucedido, aos 45 anos ele atuava em um disputado consultório, ao lado de duas assistentes e três protéticos. A mulher, Gerri, vinha ao local cuidar da contabilidade sempre que necessário. O consultório tinha um ambiente animado e descontraído, com diversas atividades que envolviam toda a equipe. Kevin adora Gerri e os filhos, e jamais faria algo capaz de prejudicar sua família.

> **CASO AMOROSO NO ALTO ESCALÃO**
>
> "Acho que tudo começou porque nós dois éramos pessoas saudáveis e bonitas, trabalhando em funções muito desgastantes. Acho que íamos para casa e encontrávamos o vazio. Cedo ou tarde começariam as conversas e a troca de confidências, e a aproximação seria inevitável." Edwina Currie, deputada inglesa, sobre o caso que manteve com o ex-primeiro-ministro britânico John Major.

Kevin contratou uma assistente de 32 anos, Ann, bem-qualificada para a função e dona de um belo corpo. Nos primeiros seis meses, a forma física da funcionária não representou nenhum problema para Kevin. Depois, sempre que trabalhava como assistente do dentista, Ann se curvava de maneira a roçar-lhe os seios, mas Kevin retraía-se a cada tentativa.

Depois, Ann começou a ficar até mais tarde no trabalho "para aprender o máximo que pudesse" com o chefe. Sempre que podia elogiava Kevin, que gostava da atenção. Ele percebeu que, nos almoços coletivos, Ann sempre se sentava perto dele, mesmo quando Gerri estava presente em outro lugar da mesa. Em um desses almoços, o dentista sentiu um aperto na coxa: era a mão de Ann sobre sua perna. Gerri não percebeu nada e Kevin não tirou a perna. Achou excitante a ousadia de Ann, bem em frente à sua mulher.

Aquele acontecimento precipitou uma crise conjugal na vida de Kevin. No dia seguinte, Ann deu sinais de que julgava ter encontrado uma porta aberta para as investidas e saiu no final do expediente junto com os demais colegas, para voltar logo em seguida, pois sabia que Kevin estaria no trabalho. O dentista não sabia se estava bravo ou feliz ao vê-la. Quando entrou em sua sala, encontrou-a instalada na poltrona, sem a blusa.

Kevin me contou que nesse momento teve uma ereção e dedicou-se a fazer com Ann tudo o que sonhara, exceto consumar o ato sexual. Mais tarde, sentiu-se "dominado pelos hormônios e decepcionado com a falta de controle". Ao voltar para casa, a mulher o esperava para uma refeição e uma conversa, mas ele teve uma crise de pânico tão séria que Gerri pensou em procurar ajuda. Kevin garantiu que só precisava descansar e que, se não melhorasse, procuraria um terapeuta (foi quando entrou em contato comigo).

Depois de refletir muito, o dentista chegou a um plano para salvar seu casamento. Consciente de que tinha caído em tentação e de que não queria ceder novamente, decidiu reduzir a equipe de trabalho e começar as demissões justamente pela última contratada. Sua maior preocupação era que Ann o processasse por assédio sexual ou, pior ainda, contasse a Gerri o que tinha acontecido naquela noite — já que Kevin não pretendia revelar o ocorrido à mulher. Kevin demitiu Ann e pagou-lhe uma indenização generosa (além de todos os direitos trabalhistas), jamais vista por profissionais do setor. Também garantiu o pagamento do seguro-saúde da funcionária até que ela encontrasse outro trabalho.

Ann tirou férias de quatro meses e depois decidiu procurar um novo emprego. Kevin percebeu que tinha caído na armadilha da jovem assistente e aprendeu com a experiência. Hoje continua feliz, casado com Gerri. Por precaução, mantém certa distância dos colegas de trabalho e pede que a mulher o ajude a selecionar os novos profissionais da clínica.

Cortando o mal pela raiz

No exemplo de Kevin, a mulher não conseguiu identificar todo o perigo representado pela jovem assistente do marido. Se tivesse lido este livro, saberia o bastante para se perguntar por que o marido contrataria uma assistente tão jovem, bonita e sem experiência, mesmo que a beleza não fosse requisito essencial para a função.

Além disso, sabendo que os riscos estão em toda parte, Gerri conseguiria captar o interesse de Ann por seu marido e perceberia as iniciativas para obter de Kevin mais que um contato profissional. Consciente dos potenciais riscos de uma pessoa como Ann, Gerri teria perguntado por que a assistente se aproximava do chefe de forma distinta dos demais colegas da clínica, sentando-se sempre perto dele nos eventos e permanecendo no trabalho depois do expediente, mesmo quando não havia pacientes.

Ciente de que preservar o casamento é seu direito e dever, Gerri teria usado todas as estratégias para proteger o marido. Algumas medidas possíveis seriam a exigência de limites claros na relação do marido com os funcionários, sem espaço para acessos especiais ou privilégios. Embora nem todas as mulheres tenham esse tipo de oportunidade para delimitar (ou, se preferir, controlar), é prerrogativa delas usar todas as armas de que dispõem.

Mesmo quando não é possível fiscalizar o ambiente profissional ou os colegas do marido, há situações que, se ignoradas, podem custar o seu casamento. Os eventos a seguir devem chamar sua atenção:

1. Observe se há um tempo destinado a uma pessoa específica e se isso se torna um hábito ou um momento esperado. Nesse caso, o efeito da propinquidade não joga a seu favor. Os segredos indicam problema, e a aproximação pode virar "algo mais" por meio do contato constante e prazeroso. Almoços a sós, jantares, *happy hours* ou chamadas misteriosas no celular são alguns dos sinais de perigo;
2. Seu marido não deveria manter as emoções em segredo. Vale lembrar que um casamento se baseia na confiança e na comunicação aberta. Se seu marido se sente atraído por uma colega, tente fazê-lo falar sobre isso. Ajude-o a identificar o que está acontecendo e procurem juntos uma saída. (Se achar necessário recorrer a uma terapia de casal, vá em frente.) Enquanto isso, seu parceiro precisa evitar qualquer contato que não seja de natureza profissional com essa pessoa. Ele terá de superar a atração que sente, forçando a rival a partir para um terreno mais fértil, onde haja uma esposa menos vigilante;
3. Viajar ou passar um tempo a sós com uma colega atraente é outra situação potencialmente perigosa. Estimule seu parceiro a evitar essa rotina. Desencoraje as idas ao escritório nos finais de semana e a permanência após o expediente, que são boas oportunidades de estar sozinho com a rival. Se a viagem em dupla faz parte das exigências do cargo, tente fazer seu marido viajar em voos separados e hospedar-se em hotéis diferentes. Caso ele viaje a trabalho com colegas do sexo feminino, o ideal é evitar jantares a dois — os

grupos são sempre mais convenientes. Os encontros em bares isolados ou na suíte devem ser evitados. Combinem uma forma de se comunicar sempre que ele estiver fora de casa;
4. Certifique-se de que no escritório dele não faltem fotos da família, assim como no material que ele leva nas viagens.

O que fazer:

1. Mantenha o canal de comunicação sempre aberto e não o faça se arrepender por contar sobre as tentações. Você quer que ele fale sobre emoções e impulsos, certo? Use isso a seu favor e como forma de preservar a proximidade (lembra-se da necessidade de espaço para se revelar de forma franca?) e a satisfação com o relacionamento (ver item 10 desta lista);
2. Mantenha-se atenta sem perder de vista as emoções, pensamentos e ações do seu parceiro. Lembre-se de que a melhor defesa é o ataque. Aja de forma dedicada na hora de proteger seu marido de uma mulher que não se preocupa com as consequências de suas atitudes;
3. Apareça no escritório do seu marido para almoços-surpresa (use a imaginação e se produza de forma a agradá-lo), e faça questão de demonstrar seu afeto por meio de sinais que os especialistas chamam de "gestos de intimidade", como andar de mãos dadas, abraçar, beijar ou fazer carinho no rosto, de forma a expressar em público que o casal está unido. Vocês têm apelidos especiais, um código próprio, piadas ou outro tipo de complemento afetivo? Caso positivo, não hesite em usá-los. Não deixe espaço para dúvidas: você é a esposa. Mantenha-se atenta caso alguém revele sinais de proximidade em relação a seu marido e manifeste sua insatisfação;
4. Decore o escritório ou a sala do seu parceiro com imagens da família: o casal, o casal com os filhos (ou com sobrinhos ou filhos de amigos, se não tiverem crianças); o casal com os pais; a família com os animais de estimação... A mensagem visual que está sendo transmitida é: "Você não vai querer estragar tudo

isso, certo?" Sob diversos aspectos, sua rival poderá ver que você e seu marido formam uma unidade na qual ela não será aceita, embora essa barreira não sirva para conter alguém com transtornos de personalidade realmente sérios;

5. Providencie um porta-retratos com uma foto sua para a mesa dele e uma foto menor, para ser mantida (sempre) na carteira.
6. Certifique-se de que a aliança não saia do dedo. Caso ele perca a dele, encontre uma provisória até repor a original. Se o trabalho do seu parceiro impossibilita o uso de anéis por razões de segurança, presenteie-o com uma corrente e faça da aliança um pingente;
7. Uma das mulheres mais apaixonadas do mundo, Heloísa, escreveu cartas devotadas e picantes para seu amante e marido secreto, Abelardo. Tente se inspirar e colocar no papel as lembranças de momentos importantes que vocês partilharam e veja se isso não ajuda a manter aceso o amor dele por você;
8. Sempre que puder, telefone para seu marido — não há nada como ouvir a voz um do outro. Se quiser, recorra a outros meios e mande torpedos pelo celular. Lembre-se de que mandar mensagens é uma maneira de se fazer presente;
9. Sempre que puder, esteja presente em todos os eventos profissionais do seu marido e acompanhe-o nas viagens de negócios. Quando não for possível, espalhe pequenos lembretes na bagagem dele, como cartas, fotos ou algum material de teor erótico apreciado por ambos. Procure saber onde ele ficará hospedado, onde irá jantar, qual o roteiro da visita e peça que telefone à noite para casa. Dedique tempo a essas chamadas, ouça o que ele tem a dizer e deixe claro que sente sua falta;
10. Inclua a fantasia, o estímulo e as novidades na sua vida sexual. Você gostaria que ele lhe revelasse suas expectativas e impressões de forma aberta e clara, certo? Lembre-se de que os homens têm grande apelo visual e aproveite-se disso. Uma vida sexual ativa e gratificante estimula o afeto do casal — e os hormônios podem ajudar!

Enquanto isso, avalie os seguintes aspectos:

- Vigilância: Mantenha ouvidos e olhos bem abertos e preste atenção aos seus instintos de defesa;
- Satisfação: Faça de seu marido um homem feliz em casa. Há quem afirme que é preciso manter o parceiro sempre gordo e satisfeito, mas, como faz mal à saúde, não posso recomendar essa estratégia;
- Uso do tempo: Procure manter uma vida a dois bastante agitada. Com uma agenda repleta de diversão e lazer, como irá sobrar tempo para uma amante?
- Dose de ciúme: Deixe claro que você também tem seus admiradores e que ainda atrai olhares dos homens;
- Consequências: Deixe claro que um caso de infidelidade geralmente é sinônimo de divórcio, divisão de bens, afastamento social, reprovação e, em alguns casos, arrependimento;
- Valor emocional: Faça-o acreditar que você é o que ele tem de mais valioso;
- Comprometimento: Faça o que for preciso para que ele invista no relacionamento de vocês;
- Afastamento dos perigos: Atenção aos riscos! Seja firme na defesa do que é seu;
- "Vitamina" sexual: Precisa de explicação?
- Cuidado com a aparência: Cuide do seu visual e mostre-se feliz;
- Afeto e amor: Nada se compara a ter um lar feliz, para o qual se deseja voltar sempre.
- Sinais de posse: Não tenha medo de dizer "meu marido" quantas vezes achar necessário.
- Gestos de intimidade: Não se envergonhe de andar de mãos dadas, abraçar e expressar carinho por seu marido.
- Marca definitiva: Em geral, uma aliança na mão esquerda significa muita coisa, não é?

O apêndice D inclui a versão completa da Avaliação de Retenção do Parceiro. Embora não se trate de um teste de resultados, permite avaliar o seu sistema de proteção do casamento.

Adote as estratégias condizentes com a sua personalidade e considere o contexto em que vive, sem perder de vista o bom senso e as restrições legais. Por meio de suas atitudes, faça seu marido entender que você é tudo de que ele precisa, e seja clara na mensagem para as eventuais rivais: estão mirando no cara errado.

Viagens profissionais

É comum executivos e outros profissionais precisarem viajar a trabalho. Quando o marido tem de se ausentar assiduamente e conta com a companhia de colegas, muitas vezes a questão se torna um problema para o casal. Mesmo que a viagem não inclua mulheres, não raro os locais que fazem parte do roteiro, seja para fins profissionais ou de lazer, envolvem a companhia de outros homens felizes por estarem longe de casa e fora da rotina.

Quando o parceiro se prepara para viajar, algumas mulheres adoecem só de pensar no que talvez o espere: bebidas, liberdade e, quem sabe, a companhia de uma atraente estranha já dentro do avião. Isso sem falar na sensação de "férias provisórias" em hotéis, academias de ginástica, eventos esportivos que pode atingir quem acredita que "o que os olhos não veem o coração não sente".

Pode ser interessante lembrar o parceiro de que a infidelidade tem suas consequências. Uma paciente costuma dizer ao marido que conhece pessoas, seja uma amiga, familiar ou colega, em todos os lugares para onde ele viaja, e a possibilidade de encontrar conhecidos o mantém de certa forma conectado à mulher. Além disso, algumas vezes ela aparece nos lugares onde o marido está sem avisar, e ele nunca sabe quando isso pode acontecer. Sinta-se à vontade para desenvolver seus próprios mecanismos de defesa, usando a imaginação e as sugestões da página 90.

Forma física

Academias de ginástica e clubes são locais em que geralmente não faltam corpos malhados, perfeitos, e boas oportunidades. Como a prática de um esporte requer um tempo longe de casa e da família, tem servido de álibi para muitos homens durante anos. Trata-se de um tempo valioso na presença de outras pessoas igualmente preocupadas com o corpo e com a boa forma. Além disso, as academias têm chuveiros (ideais para eliminar os vestígios do adultério), armários privativos (úteis para guardar roupas, cartas, acessórios de *sex shop*) e um café ou lanchonete para uma pausa.

Por que uma mulher gostaria de ver o marido nesse centro de tentações? Você talvez não goste, mas existem maneiras de cercar essa prática. Se quiser manter a forma, inscreva-se numa academia também e reserve um encontro para depois dos exercícios.

Vocês também podem combinar uma rotina de exercícios em dupla, como sair para fazer caminhadas ou correr em um parque. Minha filha e meu genro reservam 45 minutos todos os dias para caminhar e escutar o programa de notícias preferido dos dois, comentando os acontecimentos. Praticar um esporte ou um hobby a dois também pode ser bom, desde que não estimule demais a competição. Algumas opções são jogar tênis, golfe, velejar, caminhar ou várias outras atividades que permitam partilhar experiências. Vocês podem aproveitar a companhia de outros casais felizes, aprofundando o vínculo da dupla ao mesmo tempo que cuidam da saúde e da boa forma.

Perigo dentro de casa

A próxima área de perigo é... a própria casa. Em alguns casos, empregadas e babás podem representar tanta ameaça quanto qualquer outra "caçadora de homens". O perigo está no acesso ao reduto da família e na exposição aos menores movimentos emocionais que ocorrem no lar, sobretudo entre você e seu marido. Essas mulheres, em geral jovens que nem sempre contam com uma figura paterna presente, têm acesso ilimitado ao território da sua família e a oportunidade de estar em casa com o seu marido na sua ausência.

Para evitar problemas com quem trabalha em sua casa, o melhor a fazer é estabelecer limites para proteger o que é seu: os filhos, o marido e o controle do lar. Teste sua capacidade de seleção na hora de contratar alguém. Em primeiro lugar, observe os aspectos profissionais, mas em seguida use o "filtro" das táticas de proteção (atenção, controle, contenção dos "talentos" ou "atributos" e limite). Imagine alguns termos que, a exemplo do que ocorre em um contrato profissional, delimitam o que se espera do profissional e as condições que são consideradas intoleráveis, como o uso de roupas sumárias, por exemplo. Por que expor seu marido a uma tentação cotidiana? Não se esqueça de levar em conta as eventuais motivações da pessoa que procura o emprego, talvez a busca de uma casa (a sua) ou de segurança familiar.

Se seu marido tem uma queda por louras e nunca ligou para ruivas, pense nisso. Se ela estiver acima do peso e precisar corrigir os dentes, melhor ainda. Muito magra para o gosto dele? Ótimo. Lembra quando sua mãe dizia que é igualmente fácil se apaixonar por um rapaz pobre ou por um rico? Nesse caso, melhor não arriscar e trazer para dentro de casa alguém desprovida de atrativos. Mas ainda assim fique atenta: a aparência não é tudo, e uma boa caçadora de homens sabe muito bem como agir. Dedique o mesmo critério a todas as mulheres que tiverem acesso à sua casa, ainda que esporadicamente (como a babá que vem quando você precisa sair, por exemplo).

Uma de minhas pacientes, Helen, contratou uma jovem chamada Tony, que trabalhava como diarista para pagar a faculdade. A recomendação veio de uma amiga, que garantiu que o trabalho era bom. Helen confiou basicamente na indicação da amiga na hora de acertar o acordo, mas a amiga se esquecera de avisar que Tony era alta, magra e linda. Apesar de se sentir segura, Helen começou a se incomodar com a cordialidade que se instalou entre o marido e a jovem estudante de matemática. Seu marido, um cientista que adorava a matéria, se ofereceu para ajudar a jovem nos estudos. Quando a amizade ganhou força, Helen despediu Tony e contratou uma empresa de limpeza. Sem jamais levar o assunto para o marido, alegou apenas que a mudança resultaria em mais eficiência, pois cinco pessoas se encarregariam de limpar a casa em poucas horas.

Quando Tony telefonou para a casa de Helen para pedir a assistência prometida pelo marido, ela deixou claro que ele não estava disponível e sugeriu que a jovem não voltasse mais a procurar nenhum deles. Três meses depois, a amiga que havia recomendado o trabalho da moça anunciou seu divórcio: o marido havia ido morar com... Tony.

Moral da história: da mesma forma como não convém deixar o que você tem de mais valioso ao alcance de qualquer um, não dedique a seu marido menos atenção e vigilância do que daria à sua bolsa.

O mundo da internet

O último perigo de infidelidade envolve a rival que se coloca do outro lado da conexão da internet (ela pode morar no mesmo condomínio ou em outra ponta do mundo, não importa). Por causa das facilidades da rede, a distância não faz nenhuma diferença. A internet permite que qualquer pessoa tenha acesso secreto a seu marido onde quer que ele esteja: no trabalho, em um espaço público, no carro, no avião, na sala de espera do dentista ou até mesmo em casa, diante do computador da família. Não importa se ela prefere se comunicar por meio de salas de conversa, e-mail, mensagens instantâneas ou videoconferência: tudo de que sua potencial rival precisa é ligar o computador, o celular ou um *palmtop* para se comunicar com seu marido. Com tantos recursos, o que se pode fazer?

Em primeiro lugar, vamos esclarecer as coisas. Não estou falando do problema mais comum que envolve homens e sexo virtual, mas do contato entre uma determinada mulher e seu marido, por meio do computador. São coisas bem diferentes.

O sexo virtual, em geral, envolve um desejo amplo e aleatório do usuário em recorrer à internet para resolver suas demandas sexuais acessando sites de pornografia, shows ao vivo ou participando de salas de bate-papo. A não ser quando a esposa também toma parte dessas iniciativas, o sexo pela internet pode prejudicar o casamento ao provocar um estranhamento sexual entre o casal, além de constituir um segredo (e às vezes uma vergonha) para o participante.

Mas esse hábito não resulta no encontro real com uma pessoa de carne e osso (algumas "atrizes" da internet entram em contato com os clientes, mas é raro). Por isso, ao mesmo tempo que você tem um problema, por seu marido ser viciado em sexo pela internet, procurando estímulos em sites para se masturbar, por exemplo, não é a mesma situação que ter uma pessoa tentando capturá-lo.

A maioria das pessoas viciadas em sexo pela internet precisa de acompanhamento profissional para conseguir afastar o hábito e retomar o contato pessoal de forma satisfatória e agradável. A doutora Kimberly S. Young estuda a assunto desde a década de 1990. Ela elaborou um esquema que ajuda a compreender o mecanismo do sexo virtual, desenvolvido de acordo com as características do comportamento de um usuário compulsivo:

Anonimato: O computador propicia uma invisibilidade que permite ao usuário agir impunemente de uma forma que não seria aceita entre as pessoas com as quais convive.

Conveniência: Como a internet está em toda parte, permite privacidade e é riquíssima em material pornográfico; o sexo está disponível a qualquer hora e em qualquer lugar.

Proteção: A busca e a satisfação de sexo virtual dão ao usuário um alívio das tensões ao mesmo tempo que essa prática preserva sua identidade real e o livra das "desvantagens" que teria em uma abordagem verdadeira, talvez por ser tímido demais, ou porque se considera feio, gordo, ou ainda por ter problemas como ejaculação precoce. Assim, um usuário com baixa autoestima ou com disfunções sexuais ou sociais consegue um reduto seguro.

Mas se, por outro lado, seu marido está envolvido em um caso com uma pessoa e usa a internet para se comunicar com ela, o problema é outro. Não necessariamente menor, mas seguramente distinto. Diferente da procura por sexo anônimo ou por estímulos da pornografia, manter um caso baseado no desejo de contato real (sem troca de dinheiro) intermediado pela web parece ser uma aventura convencional, com algumas divergências sutis.

Se seu marido mantém contato eletrônico com quem ele já se relaciona na vida real, os e-mails trocados são apenas uma forma rápida e conveniente de comunicação. O casal talvez aprofunde a relação com esse contato escrito, mas já existe uma conexão física (não importa se sexual ou não) no mundo real. Já se olharam nos olhos, ouviram a voz um do outro, conhecem os movimentos, gestos e expressões e sentiram os perfumes um do outro, talvez até tenham tido a sensação do toque. Em suma, o casal já se aproximou. A correspondência eletrônica serve apenas para manter a chama acesa até o próximo encontro. Nesse caso, você terá de recorrer às táticas de proteção do parceiro apresentadas nos capítulos finais para conter o que a sua política de prevenção não conseguiu evitar.

No entanto, se você suspeitar que seu marido vem conversando com alguém que não conhece na vida real, mas com quem sente afinidade, é outra coisa. Em primeiro lugar, os dois estão em um território de fantasia, no qual todos podem construir e moldar o que quiserem mostrar um ao outro. A comunicação provavelmente se baseia em pistas, nuances e contextos nos quais durante milênios as pessoas se fixaram para reunir informações e formar imagens sobre os outros — pelo menos até a conectividade deste último século.

Sua rival cibernauta pode se apresentar com a identidade que quiser, do jeito que quiser, livre da identidade cotidiana que prende a esposa ao mundo real. A imagem dela pode parecer intrigante, charmosa, estimulante ou sexy, dependendo das mensagens trocadas. Quem sabe como ela é de verdade? O mesmo vale para o seu marido: ele pode inventar-se em cada nova mensagem e talvez se apresente como um homem solteiro, sem filhos ou obrigações com família.

Essa bolha de irrealidade permite que ambas as partes criem a identidade que quiserem ao mesmo tempo que, paradoxalmente, se revelam de forma única. Nesse processo, as trocas podem se tornar bem mais pessoais. Por meio de uma pseudointeração, o casal pode adquirir grande proximidade, de forma mais rápida do que ocorreria em uma relação socialmente aceitável no mundo real. Lembre-se de que, assim como as drogas e o álcool, o anonimato tem o poder de desinibir as pessoas. Além disso, esse ambiente artificial e livre de contextos muitas vezes leva o homem a construir uma imagem da parceira baseada em seus próprios desejos. Em geral, essas projeções não sobrevivem a um único encontro cara a cara, sobretudo quando a paquera cibernauta não se parece em nada com o que seu marido imaginou.

Mas o que fazer? Em primeiro lugar, observe os sinais. Você pode notar uma distância inédita ou uma redução na atividade sexual, que talvez resulte da masturbação mútua durante os encontros virtuais. Talvez perceba alterações na conta de telefone, ou que seu marido faça questão de pagar a fatura, sem que ninguém sequer veja o demonstrativo. Outra mudança é passar menos tempo com a família ou então acordar no meio da noite para "assistir à televisão" (quando, na verdade, se instala diante do computador), mas o histórico dos últimos sites visitados sempre aparece apagado na manhã seguinte. Nesse caso, não há muito o que fazer, porém insista em que a utilização do computador precisa ser razoável, por ser partilhado por todos da casa para fins de trabalho, leituras, pesquisas, jogos ou para manter contato com parentes e amigos da família.

Se você perceber uma dessas mudanças de comportamento no seu parceiro, entre em ação imediatamente antes que ele tenha oportunidade de aprofundar qualquer vínculo, seja por computador ou outra novidade tecnológica. Trata-se de cortar o mal pela raiz antes que se torne uma compulsão. Se você não deu atenção quando essa mudança de comportamento começou, tente conversar com seu parceiro. Jogar o computador no lixo não resolve a situação. O processo de cura, em geral, exige uma terapia. Você precisará de tempo para recuperar a confiança, depois de identificar os motivos que o levaram a procurar conforto emocional e alívio sexual (ou ambos) em um objeto inanimado, enquanto você estava ali, em carne e osso, o tempo todo.

Dependendo do problema, uma terapia pode resolver. Se o sexo virtual incomoda a ambos, um terapeuta pode ajudar a identificar os aspectos da relação que não estão sendo observados por vocês ou orientar a partilhar fantasias de forma que não incomode, não cause constrangimentos nem envergonhe ninguém. Algumas vezes, superar a compulsão pelo sexo virtual é um processo bastante difícil. Mas ao substituir a conduta negativa por uma positiva, reforçando o que existe na vida real (desejo de explorar novas ideias de sensualidade e um comprometimento em fazer do sexo algo partilhado), muitos casais conseguem recuperar a confiança e se reaproximar, afastando todas as "ciberameaças".

CAPÍTULO 6 – O que diz seu espelho?

Quando você suspeitar que há uma rival em cena, é preciso identificar onde ela atua, como pensa, sente e age. O passo seguinte consiste em compreender melhor o comportamento dela, suas crenças e formas de se relacionar. Além disso, é essencial refletir sobre o tipo de casamento que você construiu e até sobre o tipo de marido que escolheu. Como você verá, a convivência com alguns tipos de homem (narcisistas, *borderliners*, sociopatas, criminosos, viciados ou adeptos à tomada de riscos) pode ser difícil, quando não prejudicial. Há homens tão disputados que mantê-los longe das tentações é um desafio, especialmente para uma mulher que não pode ser descrita exatamente como uma estrela de cinema... Mas antes de olhar atentamente para você, para seu parceiro e para seu casamento, vejamos como a aproximação de vocês se consolidou.

Um arranjo positivo

Suas motivações para transformar um relacionamento amoroso em casamento provavelmente tiveram muito a ver com o fato de encontrar uma pessoa com a qual você se identificou (por afinidades físicas, de projeto de vida e de pensamento), o que acontece quando nos apaixonamos. Lembra-se da discussão apresentada no capítulo 3 sobre o modo como escolhemos nossos amigos de acordo com as afinidades? Na hora de escolher um parceiro, as coisas funcionam mais ou menos da mesma forma. Muitos pesquisadores acreditam que as pessoas definem um parceiro de olho na similaridade e na compatibilidade em diversos aspectos. Por isso, é comum uma pessoa se casar com outra da mesma faixa etária, que partilha o mesmo credo religioso, grupo étnico, classe social e até postura política. Outros aspectos importantes são a inteligência, a formação e até o uso da linguagem e a escolha das palavras. No conjunto, as pessoas parecem selecionar o parceiro mais compatível, ou pelo menos não muito díspar, no que se refere ao "valor geral de mercado", em outras palavras.

Do ponto de vista evolucionário, essa tendência faz muito sentido. Casar-se com alguém de "menor valor" não é algo desejável porque, pelo menos em tese, você poderia atrair um parceiro com o mesmo "peso" social e genético que você. Pelo mesmo raciocínio, casar-se com alguém muito superior (seja em aparência, recursos, inteligência ou posição social) também não surte bons resultados. Embora uma união assim garanta a possibilidade de "melhorar" a genética dos seus descendentes, são muitas as chances de uma rival superior se interessar pelo seu parceiro, deixando-a sozinha com sua prole — o pior cenário possível, do ponto de vista evolucionário. Se "outra mulher" entra em cena ou a ameaça de alguma forma, é preciso avaliar as condições do seu parceiro e do seu casamento. Pode ser que seu marido tenha atingido muito sucesso ou de alguma forma ganhado destaque, e talvez a outra mulher conclua que você não esteja mais à altura dele e, por isso, se "candidate ao cargo". Se seu parceiro for fiel e dedicado, não há motivos para se preocupar. Infelizmente, porém, o caráter dele não basta para mudar as percepções das "caçadoras", que darão o bote de qualquer jeito, porque é isso o que elas querem.

Depois de consolidar um relacionamento, o melhor a fazer é investir no progresso individual, de forma a manter-se vigorosa, interessante, criativa e equilibrada.

Um casamento equilibrado

A teoria da igualdade se baseia no conceito de que as pessoas querem explorar ao máximo os seus resultados — ou seja, querem aproveitar o "lucro" depois de avaliar custos e riscos. Especialistas que estudam o casamento aplicaram essa teoria aos relacionamentos a fim de compreender o que acontece quando um dos cônjuges acha que não está recebendo o que merece, ou, em outras palavras, quando, em uma relação a dois, investe mais do que ganha.

Vale ter em mente que, quando falamos sobre relacionamentos, a "moeda" para definir igualdade e desigualdade é mais ampla do que o esperado em um grupo, por exemplo. Nas relações interpessoais, a moeda vigente pode ser dinheiro, mas também aspectos particulares, afeto, amor, status, afinidades, potenciais, ambição e beleza, entre outros fatores. O que conta é que as pessoas se sentem mais felizes quando percebem que estão sendo tratadas de forma justa.

Se o marido acha que não recebe o que merece ou que investe mais do que ganha, pode ficar incomodado ou com raiva da mulher, que, para ele, não está entrando com a parcela que lhe caberia. Ele pode se isolar, enquanto você sente culpa ou depressão. Mas é fato que esse desequilíbrio entre os parceiros pode provocar uma insatisfação grave. Em determinado momento, o marido passará a olhar para as possíveis alternativas à esposa, que recebe mais do que dá. Se isso acontecer, o comprometimento do marido com a relação estará abalado. Dependendo dos investimentos que ele fez no casamento, pode apenas decidir que está fora, de forma a obter mais e ser mais feliz em uma relação igualitária, diferente da que tem com você.

Mas o que concluir com isso? Em primeiro lugar, que tratar o parceiro de forma justa e equilibrada fortalece o compromisso e a protege de sentimentos negativos. Além disso, não estamos falando de ser igual: talvez seu marido seja o responsável por trazer o sustento da casa, ou vice-versa, desde que você se encarregue de outros aspectos importantes, como garantir o afeto e o apoio emocional de que ele precisa. Seja o que for que vocês identificaram um no outro a ponto de justificar a escolha do parceiro, esse elemento pode continuar a mantê-los fortes e bem-sucedidos como casal, desde que preservadas as bases realistas.

Se seu marido é rico, bem-sucedido, gosta de ficar em casa e casou-se com você por causa do seu corpo de parar o trânsito e do seu lindo rosto, lembre-se de que sua beleza exerceu um papel importante para a relação. É claro que, com a passagem do tempo, esses atributos vão mudar, mas sua determinação em manter a aparência provavelmente faz sentido para ele. Por outro lado, se seu parceiro era do tipo inseguro e sua postura acolhedora o ajudou a se fortalecer, o valor que você tem está relacionado à forma como ele se sente a seu lado. Provavelmente ele conta com você, e qualquer recuo de sua parte poderá fazê-lo se sentir infeliz e fragilizado.

Autoconhecimento

Os casamentos equilibrados são importantes, mas pesquisas revelam que o fator mais determinante para avaliar se uma união tem chances de dar certo (além do tipo de envolvimento) é a personalidade do marido e da esposa — simples assim. Quanto mais você for positiva, capaz de superar dificuldade e aberta, mais satisfação irá encontrar no casamento e na vida. Vale o mesmo para ele.

Vejamos alguns aspectos relacionados à personalidade e às formas de avaliá-la. Basicamente, nossa personalidade é a combinação de como nos vemos, como vemos o mundo e como nos vemos dentro dele. A personalidade orienta a forma de pensar, perceber, sentir e agir. Alguns psicólogos abordam a questão fazendo uma divisão entre características estáveis e fases passageiras. Neste caso, estamos interessados nos traços mais ou menos estabelecidos na idade adulta, com exceção dos períodos extraordinários, como etapas de grande estresse, doenças sérias ou problemas graves. Esses fatos específicos podem levar a estados que não são característicos, mas alguns acontecimentos, como a perda de um filho, podem provocar mudanças psicológicas permanentes capazes de afetar o que até então era considerado um traço da personalidade. No caso deste livro, vamos nos ater ao sentido de personalidade dentro do contexto habitual.

Para discutir as personalidades, vamos recorrer aos estudos sobre o tema. Com o passar dos anos, especialistas identificaram cinco principais domínios do funcionamento humano, também definidos como os "cinco grandes fatores": extroversão, socialização, escrupulosidade, neuroticismo e abertura a novas experiências. As nuances da personalidade vêm das facetas ou subcategorias desses cinco fatores. Combinados, tais traços descrevem a plenitude dos pensamentos, emoções, objetivos e ações de uma pessoa, além da visão geral que ela tem de si mesma e dos outros:

Neuroticismo (instabilidade emocional)

Ansiedade: Medo e preocupação sem motivo conhecido, às vezes acompanhados de sinais e sintomas físicos.

Hostilidade raivosa: Agressividade emocional ou comportamento destrutivo.

Tendência à depressão: Tristeza ou desânimo.

Autopercepção: Introspecção, consciência do universo interior (diferente da timidez, que é um fator social).

Impulsividade: Tendência a agir de forma espontânea, sem medir consequências.

Vulnerabilidade: Suscetibilidade a se ferir, seja emocional ou fisicamente.

Extroversão (domínio social)

Sensibilidade afetiva: Percepção dos graus de simpatia e de afeto.

Tendência gregária: Boa relação com os outros, sociabilidade.

Postura positiva: Segurança, com tendência a agir de forma confiante.

Atividade constante: Iniciativa para participar de algo, seja na forma verbal, física ou social.

Busca de desafios: Necessidade de estímulos para a autossatisfação.

Emoções positivas: Sensação de bem-estar e satisfação.

Abertura a novas experiências (intelectual ou cultural, em relação a ideias, arte ou sensações)

Fantasia: Tendência à invenção ou à extravagância

Estética: Campo da filosofia dedicado a vários tipos de expressão de beleza.

Sensações: Capacidade de reagir às emoções.

Ações: Movimentos, tanto comportamentais quanto físicos, voltados para um objetivo.

Ideias: Pensamentos ou concepções criados pela mente.

Valores: Princípios ou padrões considerados valiosos; regras da vida.

Socialização (afetividade)

Confiança: Confiança total no outro.
Postura direta: Ausência de ambiguidade.
Altruísmo: Preocupação com o bem-estar do outro, capacidade de doação.
Condescendência: Consideração da vontade alheia.
Decoro: Preocupação com os padrões sociais e com a ideia de propriedade.
Sensibilidade: Facilidade para se sentir ferido ou atingido.

Escrupulosidade (aspectos éticos)

Habilidade: Capacidade de se preocupar com a essência e fazer escolhas emocionais e psíquicas.
Ordem: Sistema lógico de ordem emocional, social ou organizacional.
Senso de dever: Necessidade de cumprir as obrigações.
Ambição: Necessidade de ser bem-sucedido.
Disciplina: Controle da conduta.
Determinação: Identificação de um objetivo com um senso de compromisso firme e constante.

No caso de pessoas mentalmente saudáveis, é possível avaliar os traços da personalidade por meio de um teste chamado Revised NEO Personality Inventory (NEO-PI-R), ou Inventário de Personalidade NEO Revisto. Em uma avaliação do aspecto neuroticismo, por exemplo, uma pessoa pode encontrar as seguintes afirmações, cada uma associada a um aspecto específico de uma subcategoria:

"Sempre acho que as coisas podem piorar."
"Muitas vezes, fico furioso com a forma como as pessoas me tratam."
"Às vezes, sinto-me totalmente sem valor."
"No contato com outras pessoas, sempre tenho medo de fazer algo errado."
"Tenho dificuldade em conter meus impulsos."
"Costumo me sentir impotente e desejar que outra pessoa resolva meus problemas."

Em geral, o NEO-PI-R é submetido à avaliação por computador, e os resultados revelam os aspectos positivos gerais (como uma visão positiva da vida e a disposição em considerar a opinião dos outros) e negativos (tendência a manipular os outros ou dificuldade em confiar em alguém, por exemplo). Você pode obter mais informações no site *www.personalitytest.net*. Leia e siga as instruções, pois o computador se encarregará do resto.

Quando tiver os resultados, peça a seu marido que faça o mesmo. Caso ele demonstre alguma resistência, argumente que a avaliação poderá ajudá-lo a compreender os caminhos que conduzem a um casamento mais satisfatório (e permitirá manter uma eventual rival a distância). Se ele não concordar, faça o teste como se fosse ele e veja se consegue se aproximar do perfil do seu parceiro. Porém, tenha em mente que para fazer o teste de forma mais eficiente é preciso recorrer a um profissional habilitado, treinado para avaliar os resultados.

Satisfação individual e conjugal

Mas o que os resultados de testes psicológicos têm a ver com o seu casamento? De acordo com estudos de satisfação conjugal, os resultados têm muito a ver. Um estudo que avaliou trezentos casais de uma cidade norte-americana durante cinco décadas (de 1930 a 1980) revelou a relação entre estabilidade conjugal, separação e personalidade dos envolvidos. Em geral, os pesquisadores descobriram que o neuroticismo (instabilidade emocional) de um dos cônjuges contribui para os problemas na vida a dois, mas que existem outras dinâmicas (fatos sociais, circunstanciais ou atitudes isoladas) que pesam na hora de decidir por se separar ou permanecer no casamento.

Se você acha que seu casamento é prejudicado pela instabilidade emocional de uma das partes, é importante procurar um profissional para aprender a lidar com a situação antes que as coisas piorem. Se você ou seu marido tem problemas emocionais, uma terapia pode ajudar. O primeiro passo consiste em dar apoio à pessoa afetada e procurar um psicólogo. A não ser que você esteja envolvida com um sociopata, terá a oportunidade de explorar a questão e encontrar alguma solução que permita dar seguimento à união.

Além da instabilidade emocional geral (ou neuroticismo), existem três transtornos de personalidade que dificultam a vida a dois. Há mais informações a respeito no capítulo 4, que discute os processos mentais de uma possível "caçadora" de homens, que desconsidera sua condição de esposa e investe no seu marido sem se intimidar. Caso seu marido sofra de algum desses transtornos, esteja preparada para enfrentar desafios, mágoas e até perigos no caminho.

> **OS CINCO FATORES NA INTERNET**
>
> O site de relacionamentos *Eharmony.com* dedica-se à avaliação do "bem-estar conjugal". Após pagar uma taxa, os casais respondem a algumas perguntas e recebem um relatório gerado pelo computador que avalia a compatibilidade entre os parceiros. Além disso, o site oferece também um teste gratuito para investigar cinco aspectos do relacionamento. Você consegue adivinhar quais são esses aspectos? Se pensou nos "cinco grandes fatores", acertou! Apenas o neuroticismo recebe o nome de instabilidade emocional.

Maridos narcisistas

Caso seu parceiro tenha um transtorno de personalidade narcisista, fará tudo o que puder para assegurar a satisfação de sua demanda de adoração, atenção e devoção, às vezes encontrando alguém que reflita a generosa imagem que ele tem de si mesmo. Se você se cansar desse papel, ele irá procurar outra pessoa para atender a essa necessidade. Considerando-se que a ânsia por aprovação e afirmação não cessa nunca, é impossível satisfazer um narcisista. Na condição de sua mulher, você está condenada ao fracasso, a não ser que sua personalidade a molde para a vida ao lado de um narcisista.

Esse "molde" significa jamais colocar em primeiro plano as próprias demandas e priorizar sempre os desejos do parceiro, em qualquer situação. Estudos sobre os narcisistas que levam em conta os cinco grandes fatores chegaram a um perfil nada agradável. Em geral, o narcisista é autocentrado, não se preocupa com os outros e tende a ser bastante decidido a fazer o que quer. Além disso, não espere generosidade, modéstia ou alguma consideração. Em geral, ele apresenta fortes traços de hostilidade raivosa (um aspecto do neuroticismo) e determinação (um aspecto da extroversão). Não tem atenção aos próprios atos ou qualquer vulnerabilidade nem é propenso a confiar nos demais e a agir com companheirismo. Em outras palavras, o narcisista apresenta baixo desempenho quando o que está sendo avaliado é o aspecto "afetividade". Mas não é tudo: ele não é caloroso nem ansioso por estímulos (aspecto da extroversão). Não é aberto a emoções, mas sim a ações, ainda que se revelem prejudiciais ou perturbadoras aos demais.

Viver ao lado de um marido narcisista exige dedicação especial. Se você quiser continuar em um relacionamento assim, precisa saber que terá de dedicar grande parte do seu tempo (e energia) para atender às necessidades do seu marido, sejam quais forem. Você está disposta? Caso a resposta seja negativa e uma rival aparecer no seu caminho, talvez você até fique contente. Depois do trauma, pode ser uma boa ideia procurar um tratamento para saber por que você se sentiu atraída por um narcisista, em primeiro lugar e, em segundo, por que permaneceu no relacionamento. Você não vai querer repetir o erro, certo? Aprenda a lidar de forma mais saudável em uma relação estável, com um parceiro capaz de levar em conta as suas necessidades ao lado das dele.

Maridos *borderliners*

Tente se lembrar da descrição de uma rival que se encaixa no perfil *borderliner*. Embora no caso masculino a situação seja similar, estima-se que de cinco portadores desse transtorno de personalidade, apenas um seja homem. De acordo com a teoria dos cinco grandes fatores, um marido com esse perfil apresenta grandes traços no campo do neuroticismo, sobretudo no que se refere à ansiedade, à hostilidade raivosa, à tendência à depressão, à impulsividade e à vulnerabilidade. Ele pode ou não atentar para seus atos, única faceta do neuroticismo que não predomina em uma pessoa com esse transtorno. Os *borderliners* apresentam altas pontuações nos aspectos relacionados a emoções quando se avalia a questão da abertura. São controlados por suas emoções, que mudam rapidamente, muitas vezes com violência.

Infelizmente, os maridos *borderliners* podem apresentar mais um desafio clínico que se torna insuportável para algumas mulheres: a dependência química. Da mesma forma que alguns transtornos de personalidade trazem problemas nas relações interpessoais, costuma ser bastante difícil conviver com quem tem propensão à dependência ou ao abuso de drogas ou álcool. Essa predisposição, em geral, provoca mudanças no comportamento que deixam a pessoa praticamente irreconhecível. Também reduz o controle e as inibições naturais, o que torna a fidelidade algo difícil de ser mantido. Infelizmente, os *borderliners* muitas vezes sofrem de dependência química, consequente de automedicação para se livrar das dolorosas emoções associadas à complicada configuração psíquica. Sentindo-se sozinhas, com medo do abandono e sofrendo com as próprias mudanças de humor e os acessos de raiva, as pessoas que sofrem desse transtorno afastam os outros, chegando ao isolamento que tanto temem.

Embora os *borderliners* possam ser bastante ativos sexualmente, em geral, são altamente ansiosos (com grandes traços do aspecto neuroticismo) e pouco preocupados com os outros. Por isso, de acordo com a experiência com personalidades e separações, os resultados indicam que um marido *borderliner* pode fazer da vida da mulher um inferno, mas raramente toma a iniciativa de pedir divórcio — se você não suportar mais, terá de dar o primeiro passo.

Os prognósticos para uma pessoa com esse perfil podem ser positivos se ela realmente quiser se dedicar a um tratamento. Quando as questões subjacentes (depressão e ansiedade) são abordadas e solucionadas, consegue-se alívio e é possível estabelecer uma relação mais saudável com os outros, incluindo o cônjuge.

Mas é preciso permanecer atenta. Se você perceber a volta dos clássicos sintomas de uma personalidade *borderline* (mudanças bruscas de humor, isolamento, automedicação ou consumo excessivo de álcool ou drogas), não espere para procurar ajuda. Proporcionalmente, as tendências suicidas entre *borderliners* são altas. Sob a fachada, há uma pessoa ansiosa e deprimida, que pode recorrer a atitudes extremas para se livrar de seu sofrimento emocional. A terapia pode ajudar a compreender os problemas e ensinar novas formas de lidar com a situação.

Maridos psicopatas

Pessoas com transtornos de personalidade antissocial (o popular "psicopata", conforme abordado no capítulo 4) não possuem os limitadores do pensamento consciente e por isso podem fazer o que tiverem vontade, com pouca (ou nenhuma) preocupação com as consequências. Sabendo disso, você provavelmente não se surpreenderá ao saber que alguém com transtorno de personalidade antissocial geralmente apresenta poucos traços de personalidade associados à afetividade (baixo nível de disciplina, senso de dever e capacidade de ponderação), além de não se importar com os outros e ser pouco ansioso. Tais características tornam as pessoas com esse tipo de transtorno altamente adeptas a assumir riscos. Em alguns casos, são grandes empreendedores, atletas ou hábeis na retórica em público.

Do mesmo modo, os sociopatas apresentam sérios traços de hostilidade raivosa, busca de emoções e impulsividade. Difícil saber quando estão sendo sinceros. Um exemplo é o caso de Scott Peterson, condenado à morte por matar a mulher, grávida de oito meses — segundo todos os indícios, um caso típico de sociopatia. Scott não queria mais Laci como mulher, por isso a assassinou. E isso não foi um problema para ele, já que, após a morte da mulher e do filho, deu continuidade a um caso com outra mulher (que pensava que ele fosse viúvo, e depois acabou testemunhando contra ele no tribunal). Um homem com personalidade antissocial é um exemplo do que uma mulher pode desejar transferir de bom grado para uma rival, e até comemorar a separação — a não ser que ela também tenha sérios problemas de personalidade.

Qual a sua parte?

Já abordamos as questões de personalidade que podem causar problemas a seu marido, a você e, consequentemente, ao relacionamento do casal. Talvez você já tenha até feito um dos testes com base nos cinco grandes fatores, que sugeri aqui, e tenha uma ideia melhor do próprio perfil. Pode ser que você tenha encontrado resultados que confirmam sua estabilidade emocional (baixa pontuação no aspecto neuroticismo), boa abertura, extroversão e preocupação com os demais, mas também pode ser que os resultados tenham apontado para algo diferente.

Vamos analisar mais de perto o perfil da conhecida "mulher sofredora". Se a descrição fizer sentido para você, saberá que talvez deva procurar a orientação de um terapeuta e tentar ajudar a si mesma. Em seguida, avalie de forma honesta se vale a pena tentar proteger o seu casamento. Finalmente, após examinar os traços de personalidade típicos de uma pessoa que permanece em um relacionamento masoquista com um parceiro narcisista, *borderliner* ou sociopata, vamos avaliar os outros mecanismos mentais que podem conduzir a um problema conjugal ou à ameaçadora presença de uma rival.

Desvalorização

Se seu parceiro é do tipo problemático (narcisista, *borderliner* ou sociopata), você precisa avaliar se sua própria personalidade não a conduziu para um relacionamento com uma pessoa difícil ou até, em certos casos, perigosa. Estudiosos examinaram o perfil de pessoas que escolhem se relacionar com portadores dos transtornos descritos. Se você é uma dessas pessoas, pode ter um transtorno de personalidade dependente (distúrbio mais comum entre mulheres do que entre homens).

O transtorno da personalidade dependente se manifesta quando uma pessoa demonstra necessidade constante e extrema de cuidar dos outros, desembocando em um comportamento passivo e subserviente. Em geral, portadores desse transtorno tendem a se apegar a personalidades abusivas, difíceis ou egoístas. Com essa configuração, raramente (ou nunca) saem de um relacionamento ruim nem procuram ajuda. Segundo uma avaliação baseada nos cinco grandes fatores, essas pessoas são altamente ansiosas, com tendências à depressão, altruístas e vulneráveis (no que se refere ao item neuroticismo); pouco determinadas (aspecto da extroversão) e, como se pode esperar, altamente modestas, confiáveis e dedicadas (aspecto social).

Se seu perfil apontar para uma personalidade dependente, você conta com as informações necessárias para avaliar se seu relacionamento lhe confere mais ganhos ou mais problemas. Você pode também ponderar sua colaboração para que seu marido consiga se aproveitar de sua personalidade, às vezes com casos extraconjugais, às vezes por meio de sua aprovação implícita ou de seu "descuido" passivo.

Avalie os seguintes critérios para identificação do transtorno de personalidade dependente (mas lembre-se: apenas um profissional qualificado pode fazer esse diagnóstico definitivo). É preciso apresentar cinco ou mais desses aspectos, identificados desde o início da vida adulta e que não sejam consequência de um trauma recente ou de uma ameaça real:

1. Exigência de orientação e afirmação exageradas dos outros no que se refere às decisões cotidianas;
2. Necessidade de alguém que assuma os principais aspectos da vida e também a responsabilidade;
3. Incapacidade de revelar discordância ou insatisfação por medo de perda de aprovação, apoio ou contato;
4. Falta de autoconfiança quanto às capacidades ou julgamentos (mas não de energia nem de motivação); dificuldade para come-

çar um projeto ou seguir em frente com questões que exigem responsabilidade;
5. Capacidade de ir a extremos (como aceitar ou concordar com coisas que não são do agrado) por medo da perda de apoio, aprovação ou cuidado dos outros;
6. Medo desproporcional e irracional de estar sozinho e incapacidade de cuidar de si próprio, o que leva à sensação de vulnerabilidade e de insegurança sempre que está sem companhia;
7. Ao final de um relacionamento, logo procura outro para garantir apoio e orientação;
8. Preocupação excessiva em ter de cuidar de si mesmo.

Se essas características descrevem bem a sua personalidade ou a de alguém que você conhece, lembre-se de que a terapia pode ajudar a aliviar as preocupações e os exageros que causam tanta aflição. Na realidade, a psicoterapia, em especial, costuma ajudar pessoas assim a identificar a origem dessa sensação de incompetência e a observar como ela se manifesta na vida cotidiana.

Existem diversos métodos (e, quando necessário, até remédios) para tratar quem tem transtorno de personalidade dependente, desde terapia cognitiva até a abordagem analítica clássica. Essas medidas ajudam a pessoa a atuar como um adulto capaz, com mais habilidade de relação interpessoal, além de contribuir para reduzir os receios e os pensamentos que a conduzem a uma vida marcada por passividade, desvalorização e medo, sobretudo se vivida ao lado de alguém com traços abusivos, destrutivos ou até perigosos.

Sempre melhor

Ainda que você não tenha transtorno de personalidade dependente, ou até mesmo se saia bem nesse aspecto, seus atos, comportamentos ou crenças podem, de forma consciente ou inconsciente, criar as condições para que seu marido se encante por outra. Vejamos o uso de mecanismos de defesa essenciais para proteger a psique de situações que geram medo ou ansiedade, ou para lidar com circunstâncias que possam parecer duras demais. No entanto, se, em vez de ajudar momentaneamente, esses mecanismos forem acionados em demasia, podem distorcer as percepções a ponto de torná-las destrutivas.

Mas quais são esses mecanismos de defesa do ego? Segundo Freud, a maioria é de natureza inconsciente e parte da repressão ou negação de uma realidade dolorosa demais para ser encarada. Anna Freud, filha do psicanalista, levou adiante os estudos do pai e chegou a catalogar alguns mecanismos de defesa do ego (como transferência, fantasia, identificação, projeção, racionalização, formação reativa, regressão ou sublimação). No entanto, a maioria dos analistas concorda que os mecanismos de defesa do ego podem ser considerados derivação da repressão ou da negação.

Como esses mecanismos de defesa aparecem na sua conduta de mulher, tentando proteger o casamento das "ameaças" do mundo? A relação pode ser bastante próxima. Por sua própria condição, os mecanismos de defesa distorcem ou falsificam a natureza de uma situação de ameaça, medo ou ansiedade. O uso excessivo da negação ou da racionalização pode deixar uma mulher vulnerável a circunstâncias que propiciem uma interferência imediata — como quando a assistente do marido começa a dar presentes ou recorrer a ele para ajudá-la na tomada de decisões pessoais. A fim de exercitar sua prerrogativa de vigilância e de proteção, é preciso estar atenta (não por negação nem por racionalização) aos comportamentos que devem "acionar o alerta". Vejamos uma frase de Jacqueline Kennedy: "Não acredito que algum homem consiga ser fiel à sua mulher." Não consigo me lembrar de um exemplo melhor de racionalização de uma mulher diante dos casos extraconjugais do marido. Se você aciona seus mecanismos de defesa de forma a não esperar fidelidade do marido, é quase certo que não irá receber isso mesmo.

> **DEPENDÊNCIA OU MORTE**
>
> Você se lembra dos tipos de personalidade das rivais mais prováveis? Existe sempre o risco de seu marido se envolver com uma mulher do tipo dependente. Se isso acontecer, atenção. Caso a rival apresente um perfil que se encaixa no transtorno de personalidade dependente, irá usar a fragilidade para conquistar o apoio e a simpatia do seu marido. Caso ele não coloque um fim nesse relacionamento (sexual ou não), ela continuará a recorrer a ele para garantir reafirmação e atenção constantes. Se o envolvimento acabar, a rival dependente sairá à procura de outro protetor/salvador.

Tão perigosa quanto o uso excessivo dos mecanismos de defesa é a possibilidade de o comportamento consciente e as crenças de uma mulher criarem as condições para as aventuras do parceiro. Caso ela tenha aprendido por experiências próprias (por exemplo, cresceu vendo a mãe ser traída pelo pai) a não esperar fidelidade, irá se transformar em uma agente para a concretização da própria profecia da infidelidade conjugal. Vejamos como isso funciona.

Você pode ter crenças equivocadas a respeito do seu marido. Ao expressar falsas certezas, você o estimula a confirmar suas crenças iniciais. Por isso, da próxima vez que tratar seu marido como mentiroso, infiel ou dissimulado, ele pode reagir de forma a confirmar seus piores temores. Afinal, você já o julgou e condenou, certo?

> **BOA NOTÍCIA**
>
> Ao contrário de alguns estudos, que afirmam que até os casamentos mais felizes podem envolver episódios de infidelidade, uma pesquisa mais recente apresenta uma nova visão. A menos que um dos dois sofra de transtorno de personalidade, de síndrome bipolar (maníaco-depressivo) ou de alguma doença com dano ao lobo frontal do cérebro — onde funciona a consciência —, as pessoas felizes e correspondidas em seus relacionamentos tendem a zelar pelo vínculo.

Uma estratégia bem melhor consiste em tratá-lo com confiança até que ele dê algum motivo para suspeita, e não o contrário. Em outras palavras, não semeie o mau comportamento. Existem muitas mulheres por aí dispostas a fazer estragos sem que você precise pavimentar o caminho com concepções erradas e processos psicológicos defensivos.

O valor da sua união

Embora não existam pessoas nem casamentos perfeitos, é importante reconhecer o que está certo enquanto se avalia o que está errado — ou, pelo menos, o que poderia ser melhorado. Comece por uma análise da realidade conjugal a partir das lições aprendidas neste capítulo. Uma relação equilibrada é boa; uma relação desigual pode ser fonte de problemas. Do mesmo modo, a disposição em agradar pode ser uma coisa boa, enquanto o neuroticismo traz desafios. Observe os aspectos bons do seu casamento e identifique o que garante satisfação (acolhimento, afeto, confiança, estabilidade emocional) em oposição ao que pode afastar as pessoas (postura negativa, reatividade emocional, falta de comunicação e alto índice de conflitos).

Nunca perca de vista o poder da atuação positiva. Os estudos indicam que os cônjuges, gostem ou não, são influenciados um pelo outro. Essa influência pode ser positiva ou negativa, dependendo de como funciona a interação do casal. Tenha em mente que os aspectos positivos e negativos do outro podem ajudar a fazer aflorar o que cada um tem de melhor. Lembre-se sempre de expressar gratidão ao seu parceiro por ele ser como é, pela sua atuação como marido e, se for o caso, como pai, e pelas conquistas do casamento. Acreditar que o outro "não faz mais que a obrigação" o desvaloriza e pode corroer a relação. (Trata-se de uma condição perigosa, sobretudo levando-se em conta as demandas humanas definidas por Maslow.) Não importa quais as características da personalidade de uma pessoa, todos apreciam o reconhecimento e gostam de receber atenção, às vezes por meio de um "muito obrigado" dito em retribuição a gestos simples.

PARTE 3
O PODER DA ESPOSA

Capítulo 7 – Vantagens de ser "a" esposa

Agora você conhece a concorrência e tem uma ideia mais clara sobre como são as possíveis rivais, como é o seu marido e qual a dinâmica do relacionamento de vocês. É momento de avaliar as vantagens de estar no papel de esposa e conhecer as medidas que podem ser tomadas para proteger seu casamento de uma "caçadora" disposta a colocar as garras no que é seu.

O que você deve combater

Depois de quase quatro décadas de experiência no acompanhamento de casais, mulheres envolvidas com homens casados, solteiros e recém-divorciados, pude perceber uma grande mudança no comportamento das pessoas. No que se refere à potencial "caçadora de homens" (mais especificamente aquela que tem algum transtorno de personalidade, e não a que se envolve em um caso circunstancial), posso afirmar que existe um perfil ao qual é preciso estar atenta quando o "radar" alertar para a chegada de algum perigo.

Quando uma caçadora se interessa por um homem (qualquer homem), sabe que precisa usar o que tem de melhor. Além de estudar o universo masculino em publicações femininas, é possível que ela também se atualize lendo revistas masculinas ou até visitando sites pornográficos, a fim de aperfeiçoar-se em práticas sexuais que os homens mais gostam. É assim que as coisas funcionam, pelo menos no início. Mesmo que ela deseje algo mais que um rápido caso, certamente manterá os planos bem ocultos até que a presa esteja tão envolvida que não consiga mais sair da rede, e pelos motivos errados. (Para enfraquecê-la, uma possibilidade é alertar seu parceiro para esses planos.)

Na realidade, evitar que o marido ceda aos encantos de uma rival assim é crucial. Você já ouviu dizer que um homem se pega pelo estômago? Pois está errado: um homem é capturado pela mente, passando pelos testículos. Outra mulher torna-se rival do seu casamento quando seu marido se sente invencível ou "vivo" ao lado dela, e não ao seu. Ainda que você saiba que qualquer amor ou paixão nutrida por essa mulher irá passar uma hora, seu marido não sabe (mas você pode contar). Além disso, de acordo com Helen Fischer, antropóloga e autora do livro *Por que amamos — A natureza química do amor romântico*, os homens se apaixonam de forma mais rápida e intensa, e ao final do relacionamento sofrem por bem mais tempo (às vezes até mais profundamente) que as mulheres. Todos esses fatores ajudam a piorar o quadro conjugal quando uma rival consegue acesso à presa e toma conta da mente dela.

Mas o que uma recém-chegada pode oferecer para fazer com que um homem coloque em risco seu relacionamento, esposa, família e modo de viver? Em geral, essas mulheres sabem de forma instintiva o que os homens querem e do que precisam. Conhecem muito bem as necessidades emocionais e físicas, além dos pontos fracos, e sabem se colocar disponíveis na hora certa. Já falamos que a biologia masculina deixa os homens mais suscetíveis ao sexo fácil e sem compromisso. Caso surja oportunidade envolvendo uma mulher sedutora, a mente masculina tende a orientá-lo a não perder essa chance.

De acordo com minha experiência, acredito que, sendo ou não privilegiada pela natureza, uma mulher em busca de parceiros usa seus recursos ao máximo. Todas as potenciais "caçadoras" que conheci sabem muito bem o que precisam fazer, apresentando-se como alguém especial e desejável. Em regra, cuidam muito bem da aparência, investindo em si mesmas de forma a obter o maior rendimento possível no futuro. Perfeitas e muito bem-cuidadas dos pés à cabeça, contam com cabeleireiro, manicure, dermatologista, *personal trainer* e outros especialistas para fazer os ajustes e as melhorias necessárias. Em suma, agradar ao macho é prioridade indiscutível. Além de atraente, revela-se divertida, animada e disponível para as demandas do homem, sejam elas de natureza intelectual, emocional ou sexual. Esta mulher anda com elegância, está sempre muito bem-vestida e exala um perfume magnífico. Antes de mostrar as garras, ela se certifica de que a presa se sente deliciada com sua mera presença. Tudo dentro do planejado, mas a outra parte só irá descobrir isso tarde demais. Para mantê-la afastada, você terá de agir de forma defensiva.

Questão de temperatura

Ninguém precisa parecer modelo ou estrela de cinema para impressionar. Na verdade, embora a beleza do rosto tenha importância, um corpo em boa forma parece chamar mais a atenção do que características como queixo pequeno, lábios generosos ou olhos grandes. Assim, independentemente da sua aparência, manter-se saudável e satisfeita faz maravilhas para preservar a imagem que seu parceiro tem de você. De acordo com alguns estudos, é possível cativar as pessoas por meio de um contato positivo. Assim, uma mulher que sorri, olha nos olhos e age com simpatia consegue reações mais positivas do que outra fisicamente igual, mas que age de forma distinta.

Além disso, a beleza parece estar não apenas nos olhos do espectador, mas também de quem a exibe. Vejamos o caso da atriz Marilyn Monroe: quando ela queria sair para locais públicos sem ser incomodada, vestia uma roupa convencional e se comportava com discrição. Ao contar a um amigo sobre essa facilidade em circular sem ser reconhecida, ela decidiu mostrar como era capaz de, de um momento a outro, atrair atenção imediata recorrendo apenas à postura. Pois ela voltou a ser "a estrela de cinema" apenas ajeitando a echarpe e caminhando pela rua do "jeito certo". Naquele momento, e só mudando de atitude, Marilyn passava de pessoa comum à personagem extraordinária.

Isso acontece porque as pessoas reagem ao modo como alguém se apresenta. Em uma situação de embate entre esposa e rival, ou de tentativa de defesa do território, utilize a mágica do controle consciente. Mostre-se como uma mulher segura e sexy aos olhos do mundo — e, claro, do seu marido.

Finalmente, caso você e seu parceiro realmente acreditem que beleza não põe mesa, e você decididamente não quer competir com a rival em um nível tão superficial, parecendo ser o que definitivamente não é ou não quer ser, pense em outra estratégia. Concentre a atenção do seu parceiro nos predicados que a tornam essencial na vida dele. Em vez de valorizar pernas torneadas ou cintura fina, ressalte traços que ele aprecia como cumplicidade, bom humor, companheirismo, dedicação e valores sociais e culturais em comum.

Benefícios duradouros

A condição de esposa garante boas vantagens em qualquer situação que envolva seu marido e uma rival. Em geral, você conta com uma ampla gama de amigos e conhecidos, independentemente da localização geográfica ou faixa etária, que funcionam como uma rede de proteção. Do ponto de vista sociológico, o vínculo conjugal dispõe de algumas garantias. Seus pais, por exemplo, agora são sogros do seu marido; a irmã dele é sua cunhada; o filho dela, seu sobrinho. É claro que a profundidade dessas relações pode mudar, mas elas existem. O casamento constitui a base de formação dos clãs e das alianças oficiais (basta ver como funcionaram as uniões negociadas entre as casas reais europeias durante séculos).

Na realidade, ao se casar, uma pessoa passa a fazer parte da rede de proteção de duas famílias, que têm seus interesses representados dentro da união. Quanto mais você possui, tanto figurativa quanto literalmente, melhor para as famílias e para a união delas. Há mais pessoas, dinheiro e capital social para os clãs unidos pelo casamento. O mesmo vale para as comunidades religiosas, sociais e cívicas que dão apoio, na forma coletiva, a seus esforços em preservar uma família e desempenhar bem o papel de esposa e mãe. Os amigos (adeptos do casamento, claro) também apoiam a união. Costumam fazer isso oferecendo ajuda, cuidado e conforto sempre que for preciso.

Em grande medida, todas as pessoas dessa rede favorável ao casamento não poupam esforços para manter o relacionamento do casal e preservar a família dos "intrusos" capazes de provocar danos — e, em geral, esses esforços surtem resultados. Alguns estudos revelam que as uniões que contam com apoio de uma rede social têm mais estabilidade e menos chances de se desfazerem. Além disso, quanto mais um casal interage com a rede de amigos, familiares, comunidade e colegas, maior o apoio que recebe em sua união. Como se pode esperar, quanto mais dura o casamento, mais os outros se preocupam com a sua preservação. É claro que o contrário também é verdadeiro, e uma rede social pode exercer influência negativa e provocar o desgaste do relacionamento, debilitando-o e levando-o à ruína. Em geral, é o que acontece quando uma "caçadora" anuncia aos amigos e familiares que está investindo suas energias na conquista de um homem casado.

Interdependência conjugal

A interdependência é uma dinâmica pela qual você e seu marido dependem um do outro para partilhar tarefas, memórias e a gestão da vida cotidiana. Em geral, a interdependência de um casal tende a se intensificar com o passar do tempo, ganhando mais força de acordo com o período partilhado. A declaração conjunta do imposto de renda dá uma boa ideia dessa relação: ao somar as receitas e despesas, o casal demonstra confiar e assumir de forma solidária as responsabilidades ou cobranças eventualmente apresentadas à dupla.

Como a interdependência baseia-se na confiança e no tempo de vida em comum, o casal consegue se comunicar além das palavras, já que contam com contexto, conhecimentos e repertório comuns. Essa dinâmica da interdependência é uma grande vantagem para as mulheres, pois valoriza o que o casal tem de próprio e torna mais "estranho" tudo o que vem de fora, como uma rival. Por meio da comunhão de uma família, de amigos, de rotinas e, às vezes, de filhos, seu marido se torna social, econômica e financeiramente interdependente, seja qual for o sentimento de um pelo outro em determinadas fases do relacionamento.

Além disso, com o tempo, o casal tende a partilhar também as tarefas e as atribuições. Cada pessoa desenvolve habilidades especiais que amplificam e intensificam a interdependência. Com a divisão das atribuições, um depende do outro para a manutenção da unidade familiar. Dessa forma, a interdependência ajuda um casal a permanecer unido quando surgem as inevitáveis idas e vindas do amor romântico. Apaixonados ou não, os dois continuam atuando juntos para executar as atribuições conjugais e cumprir os respectivos papéis. Isso funciona em qualquer tarefa, desde cuidar da casa, fazer compras e preparar refeições até pagamento de contas e controle financeiro, ou ainda a responsabilidade pelos filhos e pelas relações sociais (lembrar aniversários, comprar presentes, organizar festas e eventos).

Em alguns casos, ambos contribuem para um objetivo comum, seja educar os filhos, praticar esporte ou desfrutar de uma vida sexual prazerosa. Em todo caso, se um casal compartilha ou divide as atribuições, está desenvolvendo a interdependência conjugal, o convívio social e a saúde financeira da casa. A relação entre interdependência conjugal, economia de escala e satisfação com o relacionamento ajudou estudiosos a elaborar a teoria do casamento, segundo a qual o compromisso conjugal depende da satisfação com a relação, das alternativas disponíveis e do nível de comprometimento, como abordado no capítulo 2. Finalmente, em uma família funcional, cada integrante ajuda o outro e faz alguns sacrifícios, se for preciso. A força decorrente dessas iniciativas generosas pode gerar uma disposição bastante valiosa durante os eventuais períodos difíceis.

A questão da atenção

Voltando ao assunto da satisfação no relacionamento e das vantagens de ser a esposa, vamos avaliar o que muitos homens apontam como ingrediente de satisfação essencial para preservar o comprometimento com a união e manter o desejo de permanecer ao lado da mulher: o sexo. Para garantir que as atenções do marido fiquem voltadas para o casamento, e não para a assistente ou para a colega de academia, é bom mantê-lo satisfeito dentro de casa.

Ser uma boa esposa significa ser boa companheira, o que em geral inclui envolvimento físico, emocional e intelectual. Nesta parte, vamos nos concentrar no aspecto físico e, para começar, gostaria de definir o que faz de alguém um bom amante. Na condição de única parceira sexual oficial por toda a vida, é essencial compreender que, para seu marido, ser uma boa amante é um conceito amplo. Seu valor como companheira sexual começa bem antes de você se livrar das peças de roupas. Você deve respeitá-lo, compreender suas necessidades e demandas e reconhecer sua dedicação ao casamento. Em poucas palavras, ser uma boa amante envolve o desejo e o aprendizado de receber e dar prazer.

Diferenças

De acordo com diversas pesquisas e depoimentos de vários pacientes, quando se trata de sexo, homens e mulheres veem as coisas de forma bastante diferente. Ao contrário dos homens, as mulheres, em geral, precisam de um "aquecimento" para entrar no clima. Algumas se sentem mais satisfeitas com o aspecto emocional de um contato íntimo do que com um contato sexual propriamente dito. Muitos estudiosos afirmam que a maioria das mulheres precisa de carinhos e estímulos para fazer aflorar o desejo sexual, ao contrário do que acontece com grande parte dos homens.

APETITES DIFERENTES

"Um homem satisfeito e um homem faminto não veem a mesma coisa quando olham para um pedaço de pão." Rumi (1207-1273)

Como os homens têm a libido mais centrada no órgão sexual, pode-se concluir que a libido feminina está mais associada ao cérebro. Para as mulheres, o recurso de tomar um remédio que estimule a irrigação sanguínea na região genital não servirá para aumentar o desejo dela, se outros fatores importantes não forem contemplados. Além disso, considerando-se a biologia e os custos físicos associados ao sexo (riscos de gravidez e energia gasta no cuidado com os filhos), não é de surpreender que as mulheres precisem de mais estímulo para entrar no clima.

Também sabemos que os custos e as recompensas da atividade sexual são diferentes para homens e mulheres. De acordo com um estudo, os homens declararam que as recompensas que sentiam após uma relação sexual eram a sensação de conforto ao lado da parceira, o bem-estar durante e depois do sexo e o prazer propiciado pela atividade sexual. Para eles, os custos mais comuns eram transar quando a parceira não queria, ter uma vida sexual desprovida de espontaneidade e manter uma frequência de relações inferior à desejada. Já as mulheres citaram as recompensas como o bom tratamento recebido durante a relação, a sensação de conforto ao lado do parceiro e o fato de estar com a mesma companhia em cada relação. Já no que se refere a custos, para as mulheres, a queixa número um é fazer sexo sem estar disposta; depois, ter uma vida sexual sem espontaneidade e ter de dedicar-se ao sexo mais tempo do que gostariam.

Um ótimo modo de avaliar seu comportamento em relação ao sexo é fazer o teste apresentado no apêndice C. Um bom resultado é uma ótima notícia, enquanto o contrário significa que o casal precisa se acertar. No que se refere ao prazer físico, vale atentar para a regra básica: no sexo, *uma boa amante não é a que oferece o que quer oferecer, mas o que o outro deseja receber*. Só porque você aprecia as coisas de um jeito, não significa que seu parceiro não possa desejar de outra maneira. Não estou sugerindo a adesão de práticas que a desagradam, mas sim que você pense em ampliar seu repertório de forma a acomodar suas preferências e as do seu marido. Lembre-se: você é a principal parceira dele, o que é uma responsabilidade, mas também envolve vantagens. De acordo com estudos, a não ser em caso de transtorno de personalidade ou de dependência química, um marido sexualmente satisfeito é um marido feliz.

Monotonia conjugal

Em primeiro lugar, vale lembrar que os humanos fazem parte dos 3% de espécies de mamíferos consideradas monogâmicas (ao contrário da teoria de que não fomos programados para o relacionamento com um parceiro só). O que acontece é que as pessoas hoje vivem mais, e tornou-se um desafio permanecer ao lado da mesma pessoa por tanto tempo e escapar da monotonia. Mas antes de abordar as maneiras de preservar o interesse sexual, vejamos os benefícios de manter um relacionamento ao longo dos anos.

Em geral, as pessoas casadas se declaram mais felizes e sexualmente ativas do que as solteiras. Por quê? Quem é casado conta com um parceiro confiável e se sente mais seguro na relação. Nos Estados Unidos, o casamento é a única instituição social na qual o sexo entre dois adultos é realmente estimulado. Para muitos, esta aprovação social é libertadora.

Além disso, pessoas casadas investiram tempo e esforço no aprendizado dos fatores que agradam ao parceiro, em vez de se dedicarem a outras coisas. Se você descobrir do que seu parceiro gosta, ficará cada vez melhor no assunto. Seu marido também conhece esse "mapa" em relação a você (caso negativo, vocês precisam conversar e fazer o teste do apêndice C). Por isso, se você não pode ser novidade, tem a vantagem de conhecer o caminho, apresentar segurança e saber as predileções dele. Não é pouco!

Não se trata de abrir mão de tudo o que for novo ou diferente, já que a variedade e a espontaneidade ajudam muito na hora de "temperar" a vida sexual do casal. Por que não fazer com seu marido o que você faria com outra pessoa? De acordo com meus pacientes, fica claro que as típicas caçadoras são atualizadíssimas quando o assunto são "as últimas modas sexuais". Uma de minhas pacientes, com tendência à caçadora de homens, começou a usar pastilhas de menta não para refrescar o hálito, mas para seguir o exemplo de Monica Lewinsky, que dava ao produto finalidade bem diferente daquela anunciada pelo fabricante... Lembre-se: a mulher dedicada a capturar seu marido pelos testículos não descuida de nenhum aspecto — da aparência a técnicas sexuais. Ela sabe agradar, atrair e conquistar uma presa em pouco tempo. Sabe que uma boa travessura na cama pode manter o seu parceiro interessado por algumas horas — e, se ela souber como jogar as cartas, até por alguns dias ou semanas, o que anuncia problemas mais sérios. É isso o que você precisa evitar.

Embora uma relação unicamente sexual não contenha os elementos presentes em um relacionamento duradouro e comprometido, às vezes ela consegue provocar uma rachadura grave em um casamento, e a rival sabe disso (ou conta com isso). Na condição de esposa, sua melhor defesa contra esse tipo de caso (que começa como mera aventura sexual) é atender às necessidades do seu parceiro em casa. Significa que é preciso enlouquecer todas as noites? Não, logo viraria rotina e daria muito trabalho. Torne a vida sexual de vocês divertida e animada para ambos, e não force a barra em nada que não agrade aos dois. Encontre a área de interesse e conforto que atende a ambos.

Sempre que possível, uma de minhas pacientes convida o marido para a piscina instalada no quintal para nadarem nus — e o parceiro adora a exibição. Outra registra em uma câmera as peripécias ao lado do marido, que depois assiste às cenas com ela, antes de trocar o chip e evitar que outros vejam (quando o marido viaja, ela lhe entrega o chip para que ele se delicie com as lembranças, enquanto se masturbam durante uma conversa ao telefone). Use a imaginação e faça o que for adequado para o seu caso. Ao preservar o interesse, a fantasia e a novidade, você irá fortalecer o vínculo conjugal de forma mais satisfatória do que qualquer amante conseguiria fazer.

Capítulo 8 – Um casamento na UTI

Este capítulo examina o que acontece quando o que parecia impensável de repente se torna realidade. Em outras palavras, apesar de seus esforços ou de sua total ignorância, os quatro primeiros estágios de relação extraconjugal (predisposição, abordagem, envolvimento inicial e, talvez, evolução do caso) já foram ultrapassados. Agora, você precisa enfrentar as duas últimas etapas da infidelidade: revelação (ou descoberta) e reação ao fato. Mas, antes de começar a avaliar as possibilidades de ação para quem descobre que o parceiro teve ou está tendo um caso (seja emocional ou sexual), vale a pena compreender melhor o panorama. A identificação do problema, afinal, é o primeiro passo para uma solução.

Como lidar com a infidelidade

Diversos especialistas (terapeutas, psicólogos, analistas, pesquisadores e estudiosos) discordam entre si sobre a definição mais aceita de "infidelidade". Para uma mulher traída, porém, a semântica importa muito pouco. Quando se trata de envolvimento com outra mulher, ela sabe que há algo errado. Mas ainda assim é importante saber o que os profissionais pensam a respeito. Alguns acreditam que a infidelidade ocorre quando as normas íntimas de um casal são violadas. Estamos falando dos limites do casal, da delicada linha que separa o que pertence unicamente à intimidade da dupla do resto do mundo. Cabe ao casal definir os limites de proximidade — física e emocional — tolerável em relação a terceiros.

Quando um casal não transmite a mensagem de que estão gloriosamente unidos, ou quando um dos cônjuges convida um terceiro para partilhar de um aspecto da vida até então mantido a dois, começa a infidelidade em relação à outra parte. Em geral, essa terceira pessoa é do sexo oposto ao do cônjuge infiel, mas não sempre. Um exemplo de infidelidade emocional pode ser quando seu marido e um(a) colega trocam emoções, confidências e conselhos, deixando a esposa fora desse contexto.

Para outros estudiosos, a infidelidade só ocorre quando há contato sexual, mas não necessariamente a consumação do ato. Um exemplo é o ocorrido com o presidente norte-americano Bill Clinton em 1998, quando ele alegou que sua resposta sobre a traição dependia do que realmente significa ter relações sexuais com alguém. Independentemente da definição ou do uso dos termos, se um homem casado tem envolvimento com outra mulher sem o consentimento da esposa, ele está sendo infiel. Mesmo que não haja a consumação sexual propriamente dita (o que·elimina o risco de gravidez da amante e, em alguns casos, reduz as chances de contrair doenças sexualmente transmissíveis), manter intimidade com outra pessoa é considerado uma transgressão no casamento, e certamente está além do que a maioria das pessoas pode tolerar de um parceiro. Há diversas formas de descrever ou interpretar a infidelidade ou o envolvimento extraconjugal, mas, para fins desta análise, vamos considerar que ter um caso significa trair a confiança do parceiro ao romper as regras que o próprio casal definiu.

Finalmente, é preciso determinar o limite dessa definição. Na opinião da maioria dos profissionais, os pensamentos do parceiro não podem ser considerados infidelidade, desde que o casal esteja de acordo sobre como cada um processa suas emoções. Até a masturbação após o casamento é comum e considerada uma prática saudável. A maioria dos estudiosos não consideraria o fato uma infidelidade, a não ser que o casal tenha definido que o comportamento constitui uma transgressão. Do mesmo modo, o uso ocasional e sem compulsão de recursos com conteúdo sexual, os pensamentos e as fantasias dessa natureza envolvendo outras pessoas são totalmente normais, sobretudo entre os homens. Se o casal consegue lidar bem com isso, pode encontrar aí uma excelente fonte de diversão adulta, mantendo a vida sexual e afetiva saudável e vital (um assume o papel de estudante num dia e o outro faz um personagem diferente na noite seguinte). Não há nenhum problema, desde que fique muito claro o que é aceitável e o que não é — para ambos. Você e seu marido podem discutir se as regras iniciais ainda valem ou se é a hora de definir novos limites.

Contabilizando os danos

O primeiro passo na hora de abordar uma relação extraconjugal (também chamada de caso, traição ou infidelidade) é definir do que se trata. Assim, é possível se concentrar nas emoções que as mulheres geralmente sentem ao descobrir o caso do parceiro e em como reagir diante da traumática certeza da traição.

Não é preciso ser vidente para saber que essa situação causa tristeza e muitas vezes também surpresa (a não ser que a esposa tenha exercido um papel, consciente ou não, para a concretização desse caso, às vezes recebendo benefícios que veremos mais adiante). Existem outros sintomas clássicos dos quais você talvez jamais suspeite, mas que irão aflorar assim que você processar a traição do seu marido e se der conta do que isso significa para o relacionamento de vocês, para a sua família, sua vida, de que forma isso afeta a imagem que você tem dele e, o que é mais importante, a sua autopercepção.

Embora o sintoma mais esperado seja a raiva, outro igualmente comum, mas nem sempre antecipado, é a depressão. Talvez você tenha sido uma mulher que cumpriu todos os papéis, mas o transtorno de personalidade, a falta de maturidade ou de caráter, ou ainda um problema de dependência química estejam na raiz do acontecimento. Ainda assim é possível que você direcione sua raiva para si mesma e sinta-se tomada por uma imensa ansiedade ou por desespero nos primeiros meses após a descoberta do caso. Na realidade, a depressão e os pensamentos suicidas são motivos comuns que levam as mulheres a procurar uma terapia após descobrir a infidelidade do parceiro.

Do mesmo modo, após saber a verdade, algumas mulheres reagem como se tivessem sido feridas em uma batalha, apresentando sintomas de transtorno pós-traumático (reações súbitas, flashbacks, pesadelos constantes, insônia e dificuldade de associação), similares aos apresentados por soldados que voltam da guerra. A partir dessa perspectiva psicológica, a batalha ocorreu no campo mais íntimo de sua vida, e o ferimento foi grave.

Se a descoberta do caso pega uma mulher de surpresa, aumentam os riscos de sintomas mais sérios. Algumas pessoas sentem-se obcecadas por descobrir detalhes e começam, por exemplo, a revolver a mente tentando associar os possíveis encontros nas ausências do marido, por exemplo. É comum querer saber como é a outra e tentar fazer comparações. Com frequência, as mulheres insistem em que o marido conte o caso em minúcias. Essas práticas, em geral, não contribuem em nada, mas um terapeuta pode ajudar na travessia desse labirinto, separando os fatores que aliviam dos que contribuem na piora do quadro. Outras mulheres exigem que o marido saia de casa ou do quarto até que o casal consiga compreender o que aconteceu. Há ainda reações como exigir que o marido telefone o tempo todo ou que esteja disponível sempre que ela quiser encontrá-lo. A vigilância excessiva e a suspeita constante são consequências naturais de uma traição, e essas reações variam de mulher para mulher.

Mesmo quando a decisão envolve recomeçar o casamento, a descoberta ou revelação de uma infidelidade geralmente resulta em sentimentos profundos de perda e de tristeza. As coisas não serão mais como antes, já que o pacto foi abalado. É o início de um período de luto, mas sem o apoio social que se oferece a uma pessoa que enfrenta casos de morte, doença ou acidente grave com alguém querido.

No caso de algumas mulheres, uma confusão de sentimentos que envolvem vergonha, desconforto ou culpa as impede de procurar apoio durante essa fase difícil, e elas permanecem isoladas em um momento em que precisam da ajuda dos amigos ou de profissionais habilitados. Sejam quais forem a sua reação e a escolha que fizer para obter apoio, tenha em mente as cinco fases identificadas pela especialista Elisabeth Kübler-Ross — negação, raiva, busca de acordo, depressão e aceitação —, que normalmente se sucedem após a descoberta catastrófica de que seu marido tem uma amante. Segundo a teoria dessa estudiosa, seu luto tende a ser tão intenso quanto a fé depositada no marido e no casamento.

Em geral, o que se pode esperar é um turbilhão de emoções nos primeiros meses, seguido de um cessar-fogo para uma fase destinada a "juntar os cacos" (que os especialistas chamam de "fase de moratória"), e, finalmente, um período no qual você tentará encontrar sentido para o que aconteceu ao seu casamento. Caso você opte por continuar casada, terá de iniciar um processo de reconstrução da confiança; caso negativo, é provável que tente compreender a infidelidade, tirando lições do ocorrido de forma a passar para a próxima fase de sua vida enriquecida pela experiência, mais sábia e mais atenta.

Finalmente, a maneira como uma mulher fica sabendo do caso do marido faz diferença na forma de reagir e lidar com a situação.

Segundo alguns estudos, as mulheres que sabem diretamente do marido tendem a se recuperar mais rapidamente. Há mais chances de salvar o casamento do que quando a notícia é recebida de uma terceira pessoa (um amigo ou inimigo fazem a revelação) ou quando ela sozinha descobre a infidelidade. Um dos cenários mais dolorosos para uma mulher é ter de lidar com um parceiro que durante muito tempo mentiu para ela, negando as suspeitas, e que por fim é obrigado a assumir que tem uma amante. Nesse caso, ela precisa enfrentar também o descaso do parceiro em relação a ela e ao compromisso de ambos. A recuperação após uma situação de desrespeito e falta de consideração é longa e complicada, quando possível.

Confronto com o marido

Seja qual for o tamanho da sua raiva, o quanto você sabe (ou acha que sabe) ou a forma como recebeu a informação, a recomendação essencial é usar o bom senso e agir com racionalidade na hora de tomar qualquer decisão. Vejamos o ilustrativo caso da bonita e bem-sucedida dentista Clara Harris, que matou o marido, também dentista, atropelando-o com sua Mercedes no estacionamento do hotel em que o parceiro estava com a amante — com a qual, teoricamente, ele havia terminado o relacionamento. Em apenas cinco minutos, toda a vida da doutora Harris mudou e ela passou da condição de mãe e mulher traída para a de assassina, e tudo porque não conseguiu controlar seus impulsos ao constatar que o marido não abandonaria a outra.

Em circunstâncias tão peculiares, nas quais uma pessoa pode se sentir bastante enraivecida e agredida, é mais fácil proceder de forma irracional e, por mais que se saiba o que é certo e o que é errado, agir por impulso. Como evitar a realização de um dano irreparável e suas consequentes responsabilidades legais? A regra é evitar confrontos que gerem consequência passível de ser considerada flagrante delito. Vale lembrar o que disse o filósofo Aristóteles: "Qualquer um pode sentir raiva, pois isso é muito fácil. O difícil é sentir raiva da pessoa certa, na intensidade adequada, no momento correto, pelo motivo justo e da forma justa." Não caia na tentação de colocar a si e a seu marido em situação de perigo. Nem sempre somos capazes de lidar com as coisas que acreditamos saber controlar — afinal, somos seres humanos. E a raiva pode passar, mas os danos por um homicídio ou pela violência são permanentes.

Evite a brutalidade e o descontrole, tentando enfrentar seu marido de forma contida e civilizada. Após recuperar a compostura e estiver apta a conversar, escolha um espaço seguro e adequado para um encontro e discuta o que aconteceu. Ao chegar, você estará pronta, equilibrada e capaz de articular suas emoções e quaisquer outras demandas que tiver para si, sua família ou seu futuro.

Uma conversa difícil

Você sabe que toda comunicação pode enfrentar distorções, não apenas no que se refere ao aspecto verbal (palavras, tom e até ritmo da fala), mas também por meio de gestos, posturas e expressões. Depois de se recompor, a primeira coisa a fazer é definir o que você quer com essa conversa com seu marido. Se a ideia for encontrá-lo apenas para ter uma oportunidade de gritar e liberar sua raiva, deixe para outro dia. Em vez disso, procure um terapeuta, um grupo de ajuda ou converse com uma boa amiga. Dessa forma, aumentam as chances de um entendimento; do contrário, você pode sair da conversa com mais justificativas por parte do seu marido por tê-la enganado.

Procure se preparar para um encontro civilizado. Pense no que irá dizer e em como reagirá caso ele resolva se revelar hostil ou pouco colaborativo. Algumas pessoas acham importante tentar construir o diálogo mental ou escrito, para se preparar para o encontro. Em grande parte dos desafios, a preparação ajuda a reduzir a ansiedade e, nesse caso, tudo o que reprime a apreensão pode ser bom. Além disso, ao imaginar antecipadamente o que e como falar, você garante os meios para preservar a calma e manter as emoções sob controle. Com as questões elaboradas anteriormente, você pode melhorar sua argumentação e dar respostas mais adequadas do que se tiver de pensar na hora.

Lições do episódio

Sugeri o que você não deve dizer (ou seja, não deixar que a raiva tome conta de você), mas aqui vai uma recomendação positiva. Uma estratégia que pode funcionar é apresentar-se no papel da esposa magoada, porém controlada, pois a sensação de culpa e pesar que seu marido provavelmente sentir poderá fazê-lo concordar com suas condições, sobretudo se ele admitir os erros e mostrar-se decidido a conseguir seu perdão. Se seu desejo for manter o casamento (ou pelo menos evitar que a outra leve seu marido), pense na possibilidade de contar ao parceiro tudo o que você aprendeu sobre a atração dele por outra mulher e seu relacionamento com ela. Embora não se trate de desculpá-lo, você estará oferecendo um suporte para ele apoiar o seu remorso, caso pretenda aceitá-lo de volta.

Aspectos químicos

Sabemos que a dopamina é a força que move boa parte do comportamento humano ao controlar o "centro de recompensas" do cérebro. Além disso, outras substâncias, como a adrenalina, a feniletinamina (presente no cacau) e as betaendorfinas (algo como morfina e heroína legalizadas e prontas para consumo), se elevam quando estamos envolvidos com um novo amor. A serotonina cai e nos tornamos quase compulsivos em nossos desejos de pensar apenas no assunto, nos concentrarmos nele e ficarmos perto do objeto de tamanha atração. Mas há outro fator que pode contribuir para o comportamento infiel de seu marido. Os estudiosos sabem que entre diversos animais existe um fenômeno — que merece ser mencionado porque é citado em materiais acadêmicos sobre sexualidade e biologia, mas ainda não tem comprovação no caso dos primatas — chamado de Efeito Coolidge. Trata-se de uma tendência de mamíferos machos (como bode, cavalo, rato e talvez seu marido) a perder totalmente o interesse por uma fêmea depois de copular várias vezes com ela. Ainda que se oculte a cara da fêmea e que seus odores vaginais passem por uma alteração intencional, o macho não se engana e não copula com aquela que já conhece, mesmo que não tenha alternativa. Para ele, acabou a fase de sexo de qualidade, por isso ele prefere não copular.

O PRESIDENTE E AS GALINHAS

O "Efeito Coolidge" deve seu nome a um presidente norte-americano chamado Calvin Coolidge e a um episódio ocorrido durante uma visita do primeiro-casal a uma granja no estado de Kentucky. A esposa do presidente, Grace, perguntou quantas vezes um galo copulava durante um dia e recebeu a informação de que isso acontecia o tempo inteiro. A resposta da primeira-dama foi: "Por favor, alguém precisa contar isso ao presidente." Quando os assessores atenderam ao pedido, o presidente quis saber se o galo copulava sempre com a mesma galinha, e foi informado de que não, pois cada vez ele escolhia uma parceira diferente. O presidente então pediu: "Contem isso à primeira-dama."

Porém, basta colocar uma fêmea nova no seu cercado e tudo muda. O mesmo macho "cansado" recupera as energias, copulando diversas vezes com a nova parceira. Mas, depois de certo tempo, ele se cansa dela no que se refere ao aspecto sexual (mas ainda a aprecia para manter o celeiro em ordem). Diante de outra fêmea nova, porém, a trajetória se repete e o macho volta a se interessar. Adeus, celibato; bem-vinda, satiríase (versão masculina da ninfomania). E assim a vida continua.

Mais uma vez, não é possível afirmar com um grau de segurança científica se o Efeito Coolidge se aplica aos seres humanos. Ainda que se aplicasse, não conferiria aos homens o direito de trair as parceiras ou de se comportar de forma promíscua. Ao encontrar o marido infiel para discutir o que aconteceu com o relacionamento de vocês, ofereça informações sobre o comportamento sexual em geral e sobre as anfetaminas naturais (dopamina e adrenalina), serotonina e feniletinamina, principalmente. Explique que as emoções (empatia, euforia, desinibição, aumento do desejo, entre outras) que agora ele sente por outra (se é que sente algo) são resultados de um processo químico e que um dia irão desaparecer. Se quiser, alerte para o desastroso número de separações nas uniões entre homens e suas amantes — estimado em 60% — e deixe claro até onde está disposta a ir para recuperar a situação caso ele se desculpe e reconheça o dano que causou sem necessidade.

Por outro lado, pode ser que ele ainda esteja em pleno processo de paixão e, nesse caso, se comporte como um jovem apaixonado incapaz de se afastar do objeto de sua devoção. Se o caso amoroso for recente ou ainda estiver em andamento, o cérebro dele contará com altas doses de dopamina, o que o deixará em condição similar à de um viciado que precisa sempre de uma dose. Não estou tentando justificar o comportamento do seu parceiro, mas sim explicando o que pode acontecer sob o aspecto bioquímico. Além disso, ele pode estar obcecado com o envolvimento por causa dos índices reduzidos de serotonina, enquanto a alta incidência de feniletinamina altera percepções e julgamentos. Tudo isso contribui para que ele veja a outra com qualidades que ela não tem, como você bem sabe — e sempre pode dizer isso a ele. Além disso, se seu parceiro for do tipo ansioso, pode estar especialmente vulnerável a se apaixonar devido à má ação de um gene transportador de serotonina, que o deixa com maior sensação de medo e de insegurança do que os outros homens e amplia a impressão de estar apaixonado. Diversos estudos recentes associam a sensação de medo ao fato de se apaixonar. Na realidade, o segredo que envolve um caso amoroso às vezes basta para um homem achar que se trata de amor, quando na realidade o que o estimula é a vontade de fazer algo proibido ou perigoso, que transfere para o cérebro a energia provocada por um novo romance.

> **AMOR E PERIGO**
>
> Há três décadas foi realizado o que ficaria conhecido como "o estudo da ponte". As mulheres que os homens viam sobre uma ponte suspensa aparentemente perigosa pareciam mais atraentes do que as que atravessavam uma passarela segura, mesmo apresentando graus de atratividade similares. Esse resultado sugere que as circunstâncias estimulam o envolvimento psicológico e podem fazer alguém parecer mais atraente. Alguns estudiosos acreditam que fazer algo novo ao lado do parceiro ou praticar alguma atividade que envolva risco (como esquiar ou mergulhar) estimula essa sensação de excitação e ativa os mecanismos de temor e de ousadia psicológica que o casal pode perceber como uma atração renovada.

Mas não se desespere. A biologia pode ser misteriosa, mas não é maligna. A vasopressina e a oxitocina são os hormônios do vínculo afetivo que atuam para fixar os laços emocionais entre um homem e uma mulher depois que a paixão acaba. As pesquisas indicam que comportamentos afetivos e cuidadosos, como os carinhos e as demonstrações de afeto, estimulam a liberação de oxitocina no cérebro do parceiro, o que resulta em uma "mágica" no sistema neurológico. Essa descarga de oxitocina, além de ampliar a disposição em relação à parceira, também reduz a necessidade de altos níveis de dopamina associados a um caso conjugal ou ao sexo "fora da cerca". A oxitocina também tem propriedades de ajudar na cura, reduzir o estresse (por meio da contenção do cortisol) e ampliar a potência do homem. Finalmente, ao contrário da dopamina – um hormônio do tipo "quanto mais você tem, mais você quer, porém maior será o esforço para conseguir" —, a oxitocina circula livremente. Seu corpo produz as mesmas quantidades cada vez que você se dedica a um mesmo grau de atividade.

Assim, ao mesmo tempo que uma relação de proximidade, cumplicidade e rica em demonstrações de afeto pode estimular a liberação de oxitocina, manter o fluxo de vasopressina é o resultado de um bom orgasmo. O poder de uma relação sexual satisfatória não pode ser deixado de lado. No entanto, se você acabou de descobrir a infidelidade do seu parceiro, talvez não se sinta disposta. Faça o que julgar adequado para você nesse momento.

Contato direto com a "outra"

Mas o que acontece se a amante do seu marido decidir confrontá-la diretamente? Vale lembrar que isso não costuma acontecer porque, ao partir para o enfrentamento, ela perde parte do seu poder, que está justamente no "segredo" do relacionamento. Quando uma rival opta pelo contato direto com a esposa, abdica um pouco da vantagem que tem com o homem, já que "o animal sai da toca". Mas, se mesmo assim isso acontecer, é essencial manter a dignidade e a postura que lhe cabem nessa hora. Você já pensou que uma intrusa não necessariamente merece ganhar tempo e atenção de sua parte? Se houver algo a ser discutido, deve ser de acordo com sua iniciativa ou decisão, e segundo os seus termos. Mas se você for pega de surpresa e não conseguir escapar do encontro, minha recomendação é dedicar a ela total desprezo e preservar sua superioridade com unhas e dentes.

Querer saber quem é a amante não está errado, mas insistir em abrir um canal de comunicação equivale a procurar problemas.

Mas se achar que é isso o que tem a fazer, certifique-se de que consegue se controlar e manter a calma, e prepare-se para enfrentar demonstrações da intimidade (real ou não) entre ela e seu marido. Ou seja, prepare-se para ouvir coisas como: "fui eu quem comprou o presente de aniversário do filho de vocês" ou "nós dois estamos planejando passar o resto da vida juntos". Afinal, não é função da amante do marido ser bacana com a esposa traída. E lembre-se da definição de Shakespeare: "Senhor, livrai-me do ciúme! É um monstro de olhos verdes que escarnece do próprio pão que o alimenta." Nesse caso, ela provavelmente tem mais ciúme de você do que você dela, pois você (ainda) ocupa o posto principal. Em suma, não espere resultados agradáveis dessa conversa. Tome todos os cuidados e aja de forma digna e controlada.

Tipos de infidelidade — Parte I

Saber se seu marido abdicou do casamento e fez outra opção ou se teve um caso isolado após uma noite de bebedeira pode fazer a diferença na hora de decidir como conduzir as coisas. Talvez você queira saber se a outra está pronta e à espera para ocupar o seu lugar ou se deseja seu marido por um curto tempo de diversão, sem se importar com as consequências para ele e para você. A fim de auxiliar nesse processo de avaliação do quadro, vejamos as situações de infidelidade mais comuns. Você poderá identificar qual o tipo do seu marido, os motivos para a traição e o tipo de mulher com a qual ele se envolveu. É importante saber se ela irá mexer com a sua vida ou se será algo que pode ser deixado para trás depois que você atravessar o longo caminho do choque, da recuperação e do perdão, tentando refazer o casamento (o que nem sempre acontece). Minha esperança é que, após definir o tipo de infidelidade e o tipo de relacionamento que surgiu daí, você terá melhores condições para julgar suas opções e colocar em prática seu plano para o futuro, de acordo com o que considera melhor para você, seu casamento e seus filhos.

Existem diversos livros e artigos sobre envolvimentos extraconjugais. Embora muitas não tenham comprovação científica, algumas teorias podem ajudar a formar o cenário para analisar sua situação. Vamos avaliar as noções mais comuns do tipo de caso que as pessoas costumam ter e as atitudes relacionadas. Em meados da década de 1990, os professores Frank S. Pittman e Tina Pittman Wagers definiram que a maioria dos casos extraconjugais se classifica em quatro categorias básicas:

Acidental: O caso não ocorre de forma planejada e, apesar de errado, resulta de fato das circunstâncias (como uma "oportunidade" durante uma viagem a trabalho, por exemplo).

Habitual: Nesse caso, o marido é um conquistador que precisa encontrar novas caças, e, quanto mais, melhor. Para esse perfil, não importa se a esposa é maravilhosa nem se a vida do casal é satisfatória.

Paixão intensa: Esse tipo de envolvimento apresenta a maior ameaça para um casamento, porque envolve o amor romântico, no qual o marido acredita sentir pela amante tudo o que deveria sentir pela esposa. Em geral, tende a acreditar que encontrou sua alma gêmea, e não raro a separação pode ser bastante complicada.

Infidelidade consentida: Esse tipo de caso ocorre com algum tipo de aceitação da esposa, o que o faz uma parte praticamente tolerada pelo pacto conjugal.

Para a esposa, com exceção deste último caso, todos os casos extraconjugais são inaceitáveis — mas há modalidades mais prejudiciais que outras.

Acidental

O caso "de oportunidade", em geral, se revela um erro e transforma-se em motivo de culpa quando o marido percebe o dano que causou ao casamento e a dor provocada na esposa. A não ser que desse encontro fortuito resulte uma gravidez ou o contágio de uma doença sexualmente transmissível, um casal muitas vezes consegue seguir em frente — desde que a esposa realmente esteja disposta a perdoar e o marido assuma a responsabilidade pelo que fez, dedicando-se a reconstruir a confiança e a recompor o relacionamento.

Habitual

Quem trai o tempo todo não tende a mudar, a não ser que se submeta a uma terapia para identificar a origem desse comportamento. Para isso, ele precisa mergulhar em sua identidade cultural e social em busca de respostas para seus ímpetos. Também é essencial compreender o transtorno de personalidade (em geral, narcisista, *borderline* ou antissocial) que talvez o acometa ou solucionar alguma dependência química que possa estimular o problema. Se você se casou com um homem assim, terá de conviver com sua tendência a "pular a cerca" o tempo todo (talvez considerando todos os aspectos, você ainda assim queira permanecer casada), ou terá de optar pela separação. Em geral, essa escolha cabe à mulher, já que homens com esse perfil não estão à procura de uma nova esposa, mas sim de uma nova aventura.

Paixão intensa

Esse caso é o pior pesadelo das esposas, pois significa que seu marido se apaixonou por outra pessoa — e de forma profunda, rápida e desesperada. Nessa situação, explicar sobre a química que envolve a paixão pode ajudar. Seu objetivo deve fazê-lo ver que o entusiasmo que sente no momento não irá durar (de acordo com nosso conhecimento de bioquímica, essa "explosão" não passa de dois a quatro anos), e ele voltará ao estado em que estava quando vivia a seu lado: com afeto, mas sem grande paixão pela parceira.

Infidelidade consentida

Para muitos casais, o sexo não tem muita importância (ou, pelo menos, um dos parceiros acha isso). Caso a percepção seja comum aos dois, talvez optem por uma vida conjunta sem sexo. Mas se apenas uma das partes pensa assim, será preciso chegar a um acordo para que a outra tenha garantida a sua necessidade física, desde que todos os envolvidos ajam com discrição e respeito aos demais. Em geral, os casos extraconjugais terão um apelo exclusivamente físico, sem representar ameaça ao casamento, aos vínculos ou às conexões sociais. Além disso, existem casamentos chamados de "abertos" nos quais ambos têm suas aventuras, de comum acordo. Os parceiros ocasionais não interferem no relacionamento do casal, mas funcionam como um "estimulante" para a vida sexual dos dois. Além do aspecto que envolve o ciúme, sentimento natural dos seres humanos, esses casos podem ameaçar até mesmo um casamento "aberto" se um dos parceiros sexuais (cônjuge ou amante) se apaixonar, de forma inesperada ou não, e tentar ampliar a participação na história.

Tipos de infidelidade — Parte II

No início da década de 1990, a estudiosa Emily Brown abordou o tema dos casos extraconjugais de uma maneira bastante original.

A divisão dos tipos de infidelidade proposta por ela leva em conta o objetivo do envolvimento:

Evitar conflitos: Entre casais que não se comunicam nem estão acostumados a solucionar conflitos, é comum a procura por um parceiro fora do casamento, em vez de lidar com as próprias dificuldades.

Evitar intimidade: É o que ocorre quando os parceiros não querem se aproximar demais. Além do caso extraconjugal, podem usar o conflito como forma de erguer uma muralha para afastar o outro.

Mascarar a dor: É quando um dos dois recorre a casos extraconjugais em consequência de uma compulsão ao sexo, que o leva a procurar muitos parceiros para afastar a dor decorrente de questões como abuso na infância ou transtorno de personalidade, sobretudo do tipo *borderline*.

Satisfazer necessidades não atendidas: Ocorre quando um dos parceiros se esforça para preservar o casamento apesar das insatisfações e procura um amante para compensá-las. Em geral, a pessoa com a qual se envolve ocupa um papel similar ao do parceiro, e o relacionamento tende a ser longo, afetuoso e consistente. Esse tipo de envolvimento pode ameaçar ou destruir um casamento, já que o amante se encaixa na posição de rival.

Justificar o fim: Se um dos dois já decidiu que não pretende continuar casado, mas evita comunicar isso ao parceiro, poderá procurar um caso extraconjugal para precipitar o rompimento.

A não ser que seja consentido, saber que o parceiro está envolvido em um *affair* resulta em sofrimento. Embora muitas infidelidades ocorram por causa de transtornos de personalidade, dependência química ou orientação cultural (o famoso machismo), é mais comum que o fato derive de problemas na relação entre o casal. Trata-se de uma boa notícia, pois significa que você e seu parceiro podem tomar medidas para consertar o que não anda bem, aquilo que abriu espaço para o envolvimento com uma terceira pessoa.

Mas para identificar o que está errado e tomar medidas para consertar, a maioria dos casais precisa recorrer à ajuda profissional.

> **ACOMPANHAMENTO PROFISSIONAL**
>
> Encarar um caso extraconjugal como consequência de um transtorno e recorrer a um programa estruturado em etapas podem ajudar em casos que envolvam dependência, uso ou abuso de substâncias químicas. Porém, tome cuidado na hora de diagnosticar alguém como portador de "compulsão por sexo", pois só um profissional pode fazer isso. Se não for essa a situação, as medidas não terão valor e você ainda pode perder a chance de compreender com exatidão o que se passa na cabeça do seu parceiro, além dos motivos que o levam a agir, se sentir e perceber as coisas no momento.

Hora de procurar um terapeuta

A maioria dos casais que enfrentam o trauma da infidelidade (ou as dificuldades que podem antecipar um caso extraconjugal) obtém bons resultados ao procurar um terapeuta qualificado e de confiança. Quando o casamento está em crise, a pessoa traída geralmente se encontra traumatizada, e o parceiro envolvido no caso não raro vive dificuldades sérias de relacionamento. A terapia de casal oferece um caminho para que os dois consigam avaliar claramente os problemas (como transtornos de personalidade, doenças mentais ou dependência química), identificar uma forma adequada de abordar a questão e encontrar apoio para lidar com padrões e hábitos antigos ou alterá-los.

Embora a infidelidade não seja o único motivo que leva os casais aos consultórios, trata-se de um problema que os terapeutas vivenciam todos os dias. Com frequência, os profissionais consideram os casos extraconjugais como a segunda maior dificuldade para um relacionamento (a violência física é a campeã). Por mais que suas emoções e pensamentos pareçam confusos ou dolorosos, com a assistência de um profissional preparado será mais fácil lidar com tudo isso.

Mas por que não procurar ajuda sozinha? Porque é quase impossível identificar e corrigir problemas que não vemos, e isso ocorre pelas mesmas razões que nos impedem de enxergar os fatos na hora em que estão acontecendo. Na maioria dos casos, com a orientação de um eficiente terapeuta de casais, será possível identificar como e por que forças nada saudáveis conseguiram entrar nos domínios de seu casamento, e como você pode, munida de ajuda, persistência e dedicação mútua, reparar os erros e reconstruir a relação.

Tipos de terapia

Apesar de, em geral, serem agrupadas sob o amplo rótulo de "terapia de casal", existem diversas abordagens para essa prática. As mais comuns são:

– **Terapia centrada nas emoções:** É uma das mais adotadas, quase tanto quanto a abordagem behaviorista (comportamental). As emoções e o afeto são usados para alterar a reação dos cônjuges entre si. Esta terapia reconhece o papel de antigos problemas de relacionamento e ajuda o casal a mudar padrões destrutivos ou negativos. O objetivo do terapeuta é estimular a proximidade afetiva do casal de forma a melhorar o relacionamento.

– **Relações objetais:** Para esta corrente, as pessoas são animais sociais que precisam de objetos de afeto. O terapeuta aborda as ansiedades que levam a comportamentos negativos e exerce um importante papel de motivador da mudança, usando a transferência e a contratransferência para que o casal perceba aspectos do relacionamento. O objetivo é estimular o afeto e o respeito por si mesmo, pelo outro e pelos dois como casal.

— **Teoria dos Sistemas Familiares de Murray Bowen:** O dr. Murray Bowen desenvolveu esta teoria sobre o comportamento humano com base nos sistemas familiares. A teoria do estudioso ajuda o casal a avaliar as famílias de origem com vistas a uma mudança no comportamento. O objetivo é permitir que os casais ou famílias encontrem formas mais eficientes e honestas de se relacionar entre si, mantendo suas singularidades.

— **Abordagem contextual:** Desenvolvida por Ivan Boszormenyi-Nagy, esta teoria considera as características do casal, suas relações interpessoais, personalidades, necessidades, relacionamentos anteriores, sistemas familiares, ocupações, dificuldades e outras influências. Concentra-se no tratamento de casais como indivíduos e considera as necessidades da família, explorando tanto comportamentos positivos como negativos. O objetivo é melhorar os problemas de relacionamento pela alteração do comportamento e recuperação interna de cada cônjuge.

— **Terapia behaviorista cognitiva:** Trata-se da combinação de dois tipos de psicoterapia. A terapia cognitiva lida com os processos de pensamento que podem reger os comportamentos de uma pessoa, e a terapia comportamental aborda os aspectos relacionados aos pensamentos (medo, raiva, depressão etc.). Na psicoterapia tradicional, um paciente procura extrair percepções para sua forma de pensar e de agir, enquanto na behaviorista cognitiva cabe ao terapeuta ajudar o casal a mudar os comportamentos ao mostrar as falhas no processo de pensamento. Um terapeuta comportamental assume um papel ativo na hora de ajudar o casal a explorar os processos cognitivos e comportamentais. O objetivo é aprender novas formas de pensar e de se comportar (incluindo as habilidades de comunicação e a solução de problemas) para resolver as questões conjugais. Finalmente, esta linha é mais rápida — em geral, apresenta resultados após cerca de vinte sessões — do que a terapia tradicional, que pode durar anos.

— **Terapia voltada para o casamento:** Esta corrente ajuda o paciente a conhecer e a compreender seu modo de agir. O objetivo é explorar os pensamentos e comportamentos inconscientes e trazê-los à tona. Feito isso, o terapeuta ajuda o paciente a alterar padrões prejudiciais.

— **Gestalt:** Esta corrente deve seu nome ao termo alemão que significa "forma". A teoria da gestalt aborda o aqui e o agora, estimulando a consciência para as emoções e os comportamentos do paciente. O objetivo é levar a pessoa a se curar a partir da compreensão de seus atos.

— **Eclético:** Termo usado pelos terapeutas que recorrem a diversas correntes para tratar um paciente.

Seja qual for a linha que escolher, o mais importante em uma terapia de casal é a confiança dos dois na competência do profissional e a crença de que ambos estão diante de uma pessoa neutra, à altura do desafio de ajudar a compreender o que aconteceu com o relacionamento.

Independentemente do tipo de terapia escolhido, ao entrar em um consultório, o primeiro item da agenda é identificar o objetivo da terapia. Vocês estão ali para entender a infidelidade e reconstruir o casamento, ou para entender a infidelidade e decidir se seguem casados, ou ainda para entender a infidelidade antes de se separar de vez? (A maioria dos terapeutas não estimula ninguém a decidir isso nas primeiras semanas após descobrir um caso extraconjugal. Como ocorre em quase todo trauma, é preciso contar com a passagem do tempo para conseguir avaliar de forma racional o que aconteceu.) Se você pretende manter o casamento, mas seu parceiro não (ou vice-versa), o profissional pode ajudar a lidar com desejos tão díspares, tendo em mente o que é terapêutico e o que pode agravar o problema. As decisões do casal dão o rumo para as sessões.

Depois que você e seu parceiro definirem seus objetivos na terapia, está na hora de abordar o problema. No início, o terapeuta fará o que for preciso para preservar um espaço no qual o casal consiga discutir questões difíceis, ao mesmo tempo que atua para uma resolução construtiva. Com esse posicionamento, é possível fazer aflorar emoções negativas e identificar padrões prejudiciais de comportamento (como a tendência a controlar, ameaçar, se defender, contra-atacar ou se omitir), que costumam deflagrar problemas no casamento e que podem levar ou não a uma infidelidade.

Depois de formar o vínculo com o terapeuta, o profissional irá ajudar o casal a lidar com questões como disputas de poder, problemas de limite e os papéis de cada um dentro do relacionamento, examinando cada tópico para identificar como e por que eles fortalecem ou sabotam a saúde do casamento. Se o casal tiver filhos, o terapeuta irá avaliar como eles se inserem no contexto familiar e fará o mesmo com qualquer outra pessoa que tiver influência na vida do casal.

Apesar de dolorosa no início, a terapia de casal pode ajudar a dupla a atravessar a complicada etapa que costuma se instalar após a revelação ou a descoberta de uma infidelidade. No final do processo, muitos acreditam que conseguiram fazer avanços na compreensão de como as habilidades do casal para se comunicar e solucionar problemas, o modo de pensar de cada um, as emoções (medo do abandono, desejo de controle), as condutas e as percepções (ou a falta de compreensão de aspectos importantes para o outro) conduziram aos problemas conjugais que finalmente desembocaram em um caso amoroso. Com trabalho e ajuda, um casal pode reestruturar a forma de agir e reagir, tanto individualmente como em dupla, permitindo que cada um cresça e se desenvolva para se transformar em um parceiro e em uma pessoa mais comprometida e consciente.

Diferenças entre a terapia de casal e a individual

Existe uma diferença entre a terapia de casal — em geral procurada por um tempo limitado e em períodos de crise — e a terapia individual a longo prazo, na qual uma pessoa aborda problemas mais profundos na origem das questões que provocaram a infidelidade ou chegaram perto disso.

Quase sempre, na terapia de casal as pessoas tendem a resistir mais a mudanças. Em geral, estão ali por causa de uma crise, como uma traição, ou outro motivo, como sensação de raiva, dependência, descontrole financeiro, problemas de comunicação ou insatisfação generalizada com o casamento. Por outro lado, quando uma pessoa procura uma terapia individual, costuma ser por vontade própria, em busca de ajuda para si mesma. Não está se propondo a mudar para agradar a outra pessoa, mas sim em benefício próprio. A terapia individual será mais bem-explorada nos próximos capítulos.

Capítulo 9 – As prerrogativas da esposa

Você já ouviu falar que quem tem a propriedade tem tudo? Bem, em parte é verdade, pelo menos no que se refere à metáfora. Você é dona de uma casa, de uma família e de uma história em comum com seu marido, além de um conhecimento mais profundo sobre a forma de ele pensar — sem falar na importância de seu apoio legal e de sua autoridade moral.

Em busca de aliados

Não há nada de novo no que direi agora. Desde o início dos tempos, pessoas sensíveis, respeitáveis e razoáveis abandonaram seus lares, deixando parceiros e filhos, porque se apaixonaram perdidamente por alguém. Ao contrário do que acontecia na época, porém, hoje a ciência nos esclarece que a fascinação, com todas as suas manifestações físicas, tem duração temporária definida por uma atuação bioquímica, e que raramente vale a pena abrir mão do certo pelo duvidoso. Algumas vezes, ouvir esse alerta de outra pessoa que não seja a mulher (como um irmão, amigo, um dos pais ou um tio, por exemplo) basta para que o marido se detenha e reflita sobre o que está fazendo, sobretudo se houver imagem ou reputação em jogo e se um divórcio provocar consequências a outras pessoas envolvidas.

Já discutimos como as pessoas, na condição de animais sociais, dependem dos colegas para a sobrevivência (lembre-se: nenhum homem é uma ilha). A vida em meio a uma rede de pessoas queridas propicia a sensação de pertencimento e paz, além da certeza de contar com apoio e segurança. Afinal de contas, somos uma espécie gregária. Ao promover o bem-estar de seus integrantes, a família protege seus interesses. Quando um casamento encontra-se ameaçado, a rede social pode ajudar, dependendo da relação do casal com os demais integrantes da rede e da dinâmica entre as famílias que fazem parte dela. Alguns podem se oferecer para ajudar por meio da interferência direta, outros podem preferir uma conversa com o marido (no caso, o seu) para saber o que está acontecendo e identificar soluções possíveis. No entanto, ninguém assumirá um papel ativo. Há quem prefira não se envolver e os que não consideram o caso como um problema, sobretudo se a infidelidade for um episódio comum na família de origem. Em geral, porém, as famílias não apoiam as relações extraconjugais e tendem a se mobilizar para resguardar o casamento ameaçado, especialmente se há filhos envolvidos.

Naturalmente, antes que os integrantes da família venham em sua ajuda, é preciso considerar os perigos iminentes. Embora muitas pessoas considerem difícil conversar sobre esse tipo de problema (principalmente quando há uma terceira parte envolvida), trata-se de um passo necessário para mobilizar as tropas em sua defesa. Avalie a possibilidade de recorrer a um parente de sua confiança para pedir apoio emocional (e, se for o caso, financeiro). Essa pessoa talvez possa usar sua influência pessoal para conversar com seu marido e com outras pessoas da família, a fim de explicar a gravidade para você e para o grupo caso ele opte por viver com outra pessoa ou por manter um caso paralelo.

Antes de qualquer medida, avalie como você pode usar sua rede de apoio em um momento de necessidade. Sua condição de esposa lhe confere o benefício de contar com famílias leais (a sua e, em geral, a dele), além de toda uma comunidade (vizinhos, amigos e conhecidos que apoiam o casamento de vocês), todos provavelmente dispostos a defendê-la. Não há dúvidas sobre quem detém o papel de vilã na história: do ponto de vista da comunidade, a mulher que mantém um caso com o seu marido é nociva e malvista, e por isso não contará com a receptividade do grupo. (Além disso, ela pode ser considerada uma ameaça ao casamento de todos, uma vez que quebra o decoro e desrespeita os limites das obrigações legais e morais.)

Mas para colocar esses mecanismos em funcionamento, você precisa revelar que quer ajuda. Tenha em mente que os seres humanos que permanecem isolados geralmente conseguem menos do que os que contam com auxílio. Caso você não consiga solucionar seus problemas com seu marido nem com a ajuda de um terapeuta, seja honesta e procure apoio. Mesmo que tenha decidido que não é mais possível continuar casada, dar a si mesmo o benefício do apoio social em um momento crítico pode proporcionar conforto e elevar o moral, sejam quais forem as consequências dos atos de outras pessoas.

Intrusas, fiquem longe

A ajuda da comunidade e da família situa-se em uma das pontas da escala de apoio ao relacionamento, enquanto a condenação geral do caso secreto de seu marido com outra pessoa ocupa a outra extremidade. A menos que seu parceiro deseje ou não se incomode em manter casos extraconjugais (pelos motivos descritos nos capítulos anteriores), se ele estiver envolvido com outra pessoa, provavelmente o segredo está bem-guardado. Mesmo que você tenha descoberto o caso recentemente, são grandes as chances de a rival não revelar a própria realidade (ou seja, o caso que ela tem com seu marido) ao seu círculo de amizades. Pense nisso. Quem em sã consciência iria divulgar que está tendo um caso com um homem comprometido com outra mulher e outra família?

Mesmo nos dias atuais, a maioria das pessoas não aprova os casos de traição, deslealdade ou dissimulação — com exceção do mundo das celebridades, no qual a troca de parceiros parece fazer parte. Mesmo assim, poucas pessoas escolheriam uma destruidora de lares como amiga próxima ou exemplo para os filhos.

Desvantagem dela, vantagem sua

Inicialmente, manter um caso extraconjugal pode parecer mais excitante do que uma relação assumida, uma vez que os amantes precisam dedicar energia para os encontros clandestinos e para a necessidade de manter segredo. Mas com o passar do tempo, o peso da confidencialidade torna-se maior que a excitação — ou, em termos mais científicos, supera a sensação psicológica que uma pessoa sente ao fazer algo proibido ou perigoso. Em vez de estimular o contato entre o casal, a obrigação de manter o caso longe da rede de apoio torna-se uma desvantagem, reduzindo a satisfação com o relacionamento para quem tem menos a esconder (em geral, a parte que não é casada).

Todos os aspectos que os casais normais apreciam conforme seu relacionamento e sua intimidade crescem não podem acontecer quando um ou ambos precisam manter segredo. Não há troca de experiências, férias, comemorações, nada do que costuma fortalecer os laços entre um casal aos olhos dos amigos e familiares. Mesmo que um dos cônjuges partilhe o caso com um amigo ou dois, saber da infidelidade coloca esse amigo confidente em posição desconfortável, sobretudo quando se trata de alguém que conhece a esposa traída e a família.

Sem o estímulo normal do vínculo que se forma com familiares e amigos de ambas as partes, e ainda ter de viver escondido e fugindo dos olhares de desaprovação, um caso secreto não tem muito para onde ir. Se a traição torna-se pública (a esposa descobre, alguém revela ou o marido conta), as opções são desanimadoras. O marido infiel pode terminar o caso e tentar recuperar o casamento, encarando o sério trauma instalado junto à parceira, ou optar por ficar com a amante e assumir o divórcio, não raro causando danos para a esposa, os filhos e os familiares durante certo tempo.

Por isso, o que se pode concluir? Se seu marido mantinha um caso secreto (como a maioria das infidelidades), pode se sentir aliviado quando a situação vier à tona e vocês dois puderem reconstruir a relação. Se ele optar por ficar com a amante, você ainda tem a possibilidade de tornar a vida dele calma ou um verdadeiro inferno, dependendo do que você e seu advogado decidirem fazer. Em qualquer circunstância, você pode ter certeza de que o segredo presente na maioria dos casos prejudica (e não estimula) a qualidade do relacionamento do casal, que costuma estar associada ao comprometimento e à partilha. (Como partilhar o que precisa ficar oculto? Como comprometer o que já está comprometido?) E lembre-se: de cada dez casos, apenas um resulta em casamento (o resto apenas abala o relacionamento de outras pessoas). Além disso, entre os 10% de casos extraconjugais que viram casamento, mais de 60% — ou 70%, de acordo com outros estudos — terminam em divórcio. Você já ouviu falar em *Schadenfreude* (o sentimento de alegria ou prazer pelo sofrimento ou infelicidade dos outros)?

Conversa franca

Não importa o que aconteceu antes ou como você ficou sabendo do caso — ou mesmo se você não tem nenhuma confirmação, mas sabe que há algo errado —, não há ninguém em posição melhor para conversar com seu marido do que você. Ainda que os dois não partilhem mais a mesma cama ou o mesmo quarto, você é a pessoa que tem mais coisas a dizer e a aprender com o diálogo. Além disso, com exceção do advogado e do terapeuta dele — ou de ambos —, você é quem tem mais acesso a ele, a não ser em caso de separação com medida de distância cautelar.

Enquanto no início do capítulo discutimos suas possibilidades de arregimentar apoio, nesta parte iremos examinar as técnicas de conversa que permitem uma troca aberta e uma oportunidade de aprender e de se aproximar após ouvir experiências, pensamentos, emoções, preocupações e explicações do outro. Além disso, como você verá a seguir, a capacidade de se comunicar é uma condição para lidar com os conflitos de forma positiva e construtiva (habilidade necessária para qualquer relacionamento saudável envolvendo mais de uma pessoa).

Expressão das emoções

No capítulo anterior, analisamos diversos cenários abrangendo a comunicação no período posterior à descoberta de uma infidelidade do parceiro. Vimos como não convém deixar a raiva tomar conta e, se a ideia for agir por vingança, o melhor a fazer é deixar a conversa para outra oportunidade e lembrar o caso da dentista Clara Harris como um exemplo do que não deve ser feito.

Neste caso, você não está no meio de uma emergência conjugal, uma vez que começa a fase de recomposição do seu relacionamento. É hora de aproveitar a oportunidade para começar um diálogo com o seu marido, capaz de levá-los pelo caminho da recuperação ou, se isso não for possível, de uma compreensão melhor de quem vocês realmente são, como chegaram aqui e para onde rumam suas vidas. Por mais difícil que seja conversar com seu marido — uma vez que você possivelmente ainda estará magoada e com raiva —, se você quer retomar um vínculo com ele ou trazê-lo de volta para sua vida, esse momento é crucial. Faça as perguntas corretas: Como chegamos a esse ponto? Quais seus sentimentos em relação a ela? Como você se sente agora que sei o que está acontecendo?, e saiba ouvir, para que seu parceiro tenha a oportunidade de organizar a situação que ele mesmo criou. Outros aspectos importantes nessa conversa são as formas para afastar a amante e as possibilidades de salvar o casamento.

Ao utilizar as informações fornecidas aqui, você ocupa o papel de interlocutora ativa, parceira atenta e, se quiser, esposa disposta a perdoar. (Mais detalhes na parte final deste livro.) Você já sabe que existem estratégias diferentes para preservar e recuperar seu parceiro. Se você está no papel de manter seu casamento (enquanto à rival cabe o papel de tentar atrair o mesmo homem), lembre-se de destacar as qualidades que os pesquisadores apontam como desejáveis em um relacionamento de longo prazo (integridade, honestidade, afeto, disponibilidade, entusiasmo e cumplicidade) sempre que falar com ele pessoalmente ou pelo telefone.

Marte e Vênus

Segundo as pesquisas, homens e mulheres se comunicam de forma diferente, o que não é nenhuma surpresa. Os homens tendem a ser competitivos e dominadores, enquanto as mulheres procuram atuar em busca do entendimento e do consenso. Homens e mulheres também diferem na escolha das perguntas (e na qualidade das respostas), além das atitudes na oferta de conselhos e na solução de conflitos. A linguagem masculina é geralmente pautada por regras (associada a metas, conquistas, leis e abstrações), enquanto as mulheres atuam de olho nas relações (com a preocupação constante em procurar ou manter o entendimento). Saber dessas diferenças ajuda a lidar com uma resposta que talvez você considere defensiva ou hostil. Pode ser apenas uma resposta masculina, sem nenhum julgamento de valor. Seja qual for o papel do gênero, ao conversar com seu marido, lembre-se de que o fato de mostrar-se disposta a um diálogo não significa que você concorda com ele nem que decidiu perdoá-lo.

Solução à vista

As habilidades de gestão de conflitos são essenciais para a preservação de um relacionamento saudável. Talvez a falta de habilidade do casal em lidar com os desentendimentos tenha tornado o casamento vulnerável a ataques externos. Se esse for o caso de vocês, não estão em um grupo minoritário.

Segundo os especialistas, todas as discussões, de um debate contido a uma discussão séria, ocorrem de acordo com um *continuum*. Em uma extremidade está o envolvimento (participação ativa, seja positiva ou negativa) e, da outra, o isolamento (quando a pessoa evita o contato). As pessoas positivas situadas no *continuum* envolvido são os solucionadores de problemas que costumam expressar suas experiências, opiniões, argumentos e aspectos racionais sobre o caso em discussão. Ao mesmo tempo, levam em conta as posições, emoções e opiniões do parceiro na busca de uma solução por meio do compromisso ou influenciando-o a mudar de posicionamento. As pessoas negativas partem de posturas ofensivas (críticas, demonstrações de raiva ou tendência a culpar o outro) ou transmitem mensagens negativas e, em muitos casos, não perdem a oportunidade de levar a hostilidade ao ponto máximo, em vez de tentar reduzi-la. Já as pessoas que evitam conflitos, situadas na outra ponta do espectro, tendem a agir de forma defensiva ou omissa, sem revelar suas opiniões e emoções sobre o tema em questão. Em vez de trabalhar para uma solução, tentam negar a existência do problema ou preferem deixar que a situação se resolva sozinha, jogando a sujeira para debaixo do tapete. Entre esse grupo, não é raro encontrar pessoas com comportamento passivo-agressivo ou depressivo, e isso ocorre porque, embora incapazes de verbalizar o que sentem, elas enfrentam um turbilhão de emoções nem sempre possíveis de serem solucionadas.

Quais são as tendências a partir desse perfil? Os seres humanos tendem a agir de acordo com as experiências anteriores e as expectativas que têm para o futuro. No caso de um conflito, os cientistas descobriram que, se uma pessoa acha que o parceiro irá escutá-la ou considerar a possibilidade de mudar de comportamento ou opinião em decorrência de uma conversa, terá uma postura positiva, atuando de forma a incluir a possibilidade de que essa mudança aconteça. Mas se, por outro lado, uma pessoa acredita que o parceiro não está aberto ao que será exposto ou discutido, em geral, se comporta de forma negativa (aumento da hostilidade) ou com afastamento, aceitando a situação, negando-a ou deixando-a como está.

Brigas de casal

O dr. John M. Gottman dedicou vários anos ao estudo de como os casais brigam — todos os casais se desentendem, o que varia é a intensidade. Ele descobriu que a regra número um para a preservação da satisfação conjugal, mesmo durante os períodos de desentendimento, está em adotar cinco comportamentos positivos para cada negativo. Você pode criticar, culpar, usar de sarcasmo, ser agressiva verbalmente, demonstrar decepção, vergonha, menosprezo, exagerar ou reduzir o valor do seu marido vinte vezes por dia, desde que recorra a pelo menos cem atitudes positivas (revelar disponibilidade, ouvir, cooperar, oferecer apoio emocional, demonstrar comprometimento ou desejo de solucionar os problemas, ser afetuosa, bem-humorada, alegre, equilibrada e receptiva) no mesmo período. Por que é preciso contar com cinco atitudes positivas para compensar uma negativa? Simplesmente porque nossa mente registra de forma mais profunda os aspectos negativos do que os aspectos positivos.

Saber como se comunicar e como lidar com os desentendimentos pode ser útil na hora de enfrentar uma transgressão séria do parceiro, seja um caso extraconjugal ou qualquer outra questão da vida a dois envolvendo sexo, dinheiro, filhos ou familiares. Mas não se desespere se perceber que você tende a agir de forma negativa. Além de procurar a ajuda de um terapeuta ou de um grupo de apoio, campos propícios para descobrir as origens da raiva e da hostilidade no seu casamento (problemas de vínculo, talvez?), você pode se esforçar para atuar de modo mais positivo. Os casais podem recorrer ao que o dr. Gottman chamou de "mecanismos de reparação" (ou seja, reforçar o compromisso, partilhar a alegria, revelar as emoções boas e ruins, porém de forma respeitosa, desativando a negatividade por meio do humor, sem perder de vista o que é melhor para o casamento), antes que as discussões se tornem destrutivas demais.

Virada no jogo

Finalmente é momento de avaliar a eficácia da tática de desmerecer a rival. ("Você teve um caso com *ela*?, você pergunta, com cara de espanto.) Vejamos os aspectos mais prováveis.

Sua estratégia dependerá em grande parte do fato de seu marido ainda estar envolvido com a outra pessoa ou de o caso ser coisa do passado (considerando que não se tratava de um encontro fortuito pós-bebedeira). Se a outra já está fora do contexto, talvez você se considere satisfeita em conseguir mantê-la longe do seu casamento. Ela agora é passado. Não permita que ocupe mais espaço psíquico entre vocês dois.

Mas pode ser que a outra ainda esteja bem presente, seja na função de amante ou de candidata ao posto. Se for esse o caso, pode estar certa de que ela em breve irá perder a paciência e dar início a uma batalha contra você. (Só existe uma esposa, vale lembrar.) De acordo com minha experiência de terapeuta, quando a mulher faz questão de se manter firme no posto oficial, as demandas da amante aumentam.

Apesar da total falta de reconhecimento, o fato de permanecer como amante depois que a infidelidade vem à tona pode dar uma sensação de conquista. No esforço para ocupar o lugar da esposa, a amante pode começar com demandas típicas da oficial (como usar o cartão de crédito do seu marido ou insistir para passar mais tempo com ele nos finais de semana ou feriados). Por mais que essa situação pareça horrível, pode ser benéfica para você.

Quanto mais ela exigir, mais aumentará a sensação de tédio, irritação e frustração de seu marido — as mesmas emoções que o tornaram uma presa fácil no começo. Se ele queria escapar da mesmice da vida a dois, não vai gostar das cobranças dela. Isso é especialmente verdadeiro se seu marido ficou com apenas metade dos bens do casal, uma pensão para pagar — sem falar na perda do contato diário com os filhos e nas despesas com terapia para todos por um longo tempo. Se ela começar a exigir, é bom para você. De um ponto de vista irônico e totalmente previsível, é exatamente nessa fase do relacionamento extraconjugal que você tem mais oportunidade de recuperar sua posição.

Eva versus Lilith

Na etapa pós-descoberta da infidelidade, se a amante for astuta, evitará fazer exigências que incomodam seu marido e irá insistir em mostrar que tem qualidades, na tentativa de preservar a dependência emocional da presa. Ela sabe que a guarda está baixa e, além de oferecer toda a atenção e o sexo que ele possa querer, saberá ouvir as queixas dele (sobre você e, talvez, sobre o dilema de ter de escolher entre vocês duas) sem reclamar. Mesmo que não tenha o mínimo interesse na questão, irá demonstrar o contrário para comprovar que ela, sim, sabe escutar e compreender (ainda que não seja bem assim).

Se você optar por lutar para recuperar seu marido, em primeiro lugar pode adotar algumas características que fizeram seu parceiro se interessar pela amante: afetuosidade, compreensão e preocupação com o relacionamento. Valorize seu marido, fazendo o que for preciso para valorizar a si mesma na hora em que ele comparar as duas. Enquanto isso, você pode enfraquecer a outra mostrando os pontos fracos dela. Se ela costuma agir de forma egoísta, insegura, agressiva, indiscreta, emocionalmente instável, leviana, autocentrada, traiçoeira, superficial, cruel, manipuladora, controladora, vingativa ou hostil, irá se revelar em breve uma parceira complicada, não importa quanto tenha impressionado seu marido em um primeiro momento. Ao mirar suas armas para as fraquezas dela, você pode evitar que um caso lamentável, mas temporário e equivocado, se transforme em uma cisão trágica e irremediável. No final, seu marido pode ficar grato por sua preocupação e orientação sincera — e, nesse caso, tenderá realmente a tentar recuperar o casamento. Se ela o conquistou sendo ardilosa, você pode reconquistá-lo agindo com honestidade e aproveitando a oportunidade para fortalecer e aperfeiçoar o relacionamento de vocês.

Na condição de esposa, você pode vencer a batalha final se sua determinação e capacidade de recuperação forem mais fortes que a sua dor. Entre você e a amante, ela tem menos a perder e você, mais a ganhar. Dependendo do aspecto psicológico dela e dos seus movimentos, ou ela partirá para um parceiro com uma esposa menos vigilante ou decidirá lutar por seu marido até a morte. Nesse caso, é possível que vocês três voltem a se encontrar — só que diante de um juiz.

Capítulo 10 – O esforço vale a pena?

Dependendo do casamento, do parceiro e da forma de pensar, e após considerar todos os fatores importantes, talvez você conclua que vale a pena investir no relacionamento mesmo depois de saber que seu marido se envolveu com outra mulher, apesar da quebra da confiança e de todo o estrago causado. No entanto, existem episódios conjugais que provocam um dano tão sério a ponto de representar uma ameaça para sua saúde física ou mental. Nesses casos, o melhor a fazer é procurar outro caminho.

Você quer mesmo continuar com ele?

Vamos começar com a questão básica: como é a pessoa com a qual deseja viver? E com a qual não quer partilhar a sua vida? É importante considerar todos os aspectos. A não ser que você tenha encontrado outra pessoa ou conte com autonomia emocional e financeira, a vida após o divórcio pode ser pior do que você imagina.

Na realidade, a decisão de se separar — amigavelmente ou por meio de um processo legal — pode não caber a você. Talvez seu marido já tenha feito as malas ou avisado que pretende fazer em um futuro próximo. Se você não concorda que a separação física é a melhor solução, tentará fazer o que for possível para convencê-lo a ficar e a procurar uma terapia de casal antes de cometer um erro pelo qual irá se arrepender pelo resto da vida. Depois que um casal se separa fisicamente, diminuem as chances de reconciliação, uma vez que as pessoas se acostumam a viver sozinhas ou com outro parceiro.

Mesmo que o caso extraconjugal seja antigo, para você trata-se de um choque novo descobrir que a vida familiar que vocês construíram está em perigo. Mas nenhum dos dois deve tomar nenhuma decisão séria antes de assimilar o trauma, o que significa digerir a traição (por que e como aconteceu, e o que seu marido realmente procurava), nem deixar de considerar as oportunidades de reconciliação. O mesmo vale para o divórcio.

Embora uma atitude precipitada possa ser complicada para sua família, a única coisa que você pode fazer caso seu marido decida dar início ao divórcio é tentar demovê-lo da ideia.

De acordo com um artigo publicado no *Journal of Marriage and the Family* [Jornal do Casamento e da Família], um dos motivos que levam os homens a permanecer no casamento — ainda que se julguem no direito de manter uma amante ou de "pular a cerca" de vez em quando — é o fato de serem os provedores da família. Eles carregam a sensação de obrigação religiosa, comunitária ou financeira de permanecer no lar, mesmo quando esses mesmos motivos não servem de impedimento para uma escapada ocasional. Além disso, os homens tendem mais à inércia quando o assunto é casamento. Um artigo publicado em uma revista norte-americana de economia considera que, a não ser que o marido seja mais infeliz no casamento do que a esposa, cabe à mulher pedir a separação. Outra informação: entre os fatores que levam um homem a entrar com o pedido de divórcio estão a insatisfação sexual e a falta de reconhecimento do seu papel masculino (falta de respeito, por exemplo).

Só você pode saber a quantas anda a satisfação do seu parceiro, e com essa informação pode seguir em frente e avaliar se ele pretende pedir a separação oficial ou se você terá de fazê-lo. Em geral, as mulheres são mais movidas por fatores específicos (falta de cumplicidade, sexo ou companheirismo) ou pelo mau comportamento do marido (traição, jogatina, comportamento abusivo, dependência de álcool ou drogas) do que por insatisfação geral.

> **PROCESSO DE SEPARAÇÃO**

Para conter o processo de afastamento desde o início, o segredo é dar atenção à qualidade do casamento. Se você percebe que seu parceiro vem se afastando, chame-o para uma conversa e procure uma terapia. Caso contrário, sabemos por meio da experiência em consultórios e de fatos da vida que o marido insatisfeito começa a construir uma vida própria aos poucos, mas com consistência, bem antes de abrir o jogo para a mulher. No momento em que ele tiver criado a narrativa social como solteiro (e tiver claro para si o que deu errado no casamento), pode ser tarde demais para salvar o relacionamento.

Atenuantes

As principais causas que levam as mulheres a pedir o divórcio são a infidelidade, a dependência química, o comportamento abusivo e as questões emocionais. No entanto, a maioria leva em conta vários aspectos antes de optar pela separação definitiva. A decisão de permanecer no casamento prejudicado por uma traição depende do comprometimento do marido com a relação e com os filhos. Vimos nos capítulos anteriores que o comprometimento conjugal está associado à satisfação individual, à felicidade que você sente quando as recompensas psíquicas superam os custos da situação. Mesmo sendo uma esposa infeliz, pode ser recompensadora a possibilidade de permanecer casada em função dos seus filhos, desde que os problemas conjugais não envolvam comportamento abusivo ou dependência química. Além disso, ainda que a chegada dos filhos em alguns casos dê a impressão de infelicidade — capaz até de estimular o marido a procurar uma aventura —, a condição de pais geralmente coloca um freio na ideia do divórcio. Algumas mulheres também levam em conta a disponibilidade de opções atraentes em comparação com a vida que têm ao lado do marido.

> **SEIS NÍVEIS DE DIVÓRCIO**

Em 1970, Paul Bohannon identificou seis estágios do divórcio — legal, emocional, econômico, parental, extrafamiliar e psicológico — a fim de ajudar as pessoas a compreender a profundidade e a extensão do processo de dissolução de um casamento. Por mais que você ache que será algo simples, a experiência raramente é fácil ou rápida (a não ser nos casos que envolvam abuso, pois aí a separação se trata de salvação).

Além de avaliar a satisfação pessoal e outras oportunidades, a decisão de se divorciar envolve valores éticos, sociais e religiosos sobre a santidade do matrimônio, o significado da família e sua opinião sobre a separação em geral. Você também tenderá a avaliar alguns aspectos práticos, como a perda da renda e da companhia do parceiro (até mesmo no que se refere a questões triviais, como a falta de ajuda para lidar com as crianças ou na realização das tarefas domésticas). Além disso, se você for como muitas mulheres de sua posição, irá considerar os custos reais do processo de dissolução do casamento, além dos investimentos pessoais e de capital. Outras perdas decorrentes do divórcio são as alianças sociais, o tempo partilhado e a segurança financeira (dinheiro, propriedade, pensão).

Enquanto avalia os aspectos práticos do divórcio, tenha em mente que sua autoestima e identidade pessoal, além da sua forma de ver a traição do parceiro (de ruim, porém tolerável em alguns casos, a totalmente imperdoável, com gradações no meio), irão influir na decisão final. Naturalmente, a atitude do marido e a consideração dele após a descoberta do caso também contribuem. Por exemplo: você pode avaliar se ele sente remorso ou assume a responsabilidade por ter dado o passo que levou à ruptura. Ou será que ele tenta se justificar e diminuir a importância do ocorrido? A segunda opção praticamente elimina a possibilidade de reconstrução da confiança, ao contrário da primeira, que permite uma margem de atuação.

Segundo o *Handbook of Divorce and Relationship Dissolution* [Guia do divórcio e do fim de um relacionamento], a mulher também apresenta menor tendência a terminar o casamento quando o marido assume o caso. Isso vale mesmo que a confissão tenha ocorrido com a intenção de se preservar, de impedir que outra pessoa chegue com a novidade em primeira mão ou que ele de fato tenha tomado a decisão movido por culpa, vergonha ou arrependimento. As mulheres inclinam-se mais a pedir o divórcio se descobrem o caso por conta própria, se o marido confessa mediante pressão ou provas ou depois de ela ficar sabendo por outras fontes.

Tempo a favor

A antropóloga Helen Fisher, autora do livro *Por que amamos*, relata que a química do amor atua com o objetivo de ampliar a euforia por no máximo quatro anos, mas em geral durante apenas dois.

Alguma coincidência com o fato de que no quarto ano de casamento (mais especificamente na marca dos 3,5 anos) ocorre a maioria dos divórcios? Na realidade, os pesquisadores dedicados ao assunto descobriram que essas separações precoces decorrem mais da percepção da incompatibilidade geral entre o casal do que de qualquer outro fator. Assim que a química começa a se reduzir, o casal avalia de fato o que os levou a se unir. Em geral, os envolvidos têm menos de 35 anos e ainda não são pais. Outro momento comum para separações é por volta dos 12 ou 19 anos de união. Esses divórcios são causados por problemas específicos, em vez da constatação de que se casou com a pessoa errada. Nesses casamentos mais longos, alguns dos motivos mais citados para o divórcio são a infidelidade, o afastamento, a dependência química ou o comportamento abusivo.

No seu caso, a única coisa que importa é a melhor saída para você e sua família. Mas ainda assim pode ajudar se você conseguir se posicionar em relação aos outros casais que estão em fase de divórcio, mesmo que a traição não seja o fator central.

Quando há um caso de infidelidade, percebemos que as mulheres tendem a avaliar as complicações do caso (se foi uma transgressão episódica ou um padrão de comportamento), além de colocar na balança se suas outras demandas estão sendo atendidas no relacionamento. Como propõe a teoria do investimento, antes de pedir divórcio, as mulheres avaliam seu nível de satisfação com o casamento, considerando em que medida as demandas emocionais, psicológicas, financeiras e sexuais estão sendo satisfeitas, além da existência de possibilidades melhores fora da relação.

Em muitos casos, se o relacionamento extraconjugal ainda se mantém, a esposa tende a sair do casamento. Alguns estudos, porém, mostram que algumas mulheres podem se acostumar com a infidelidade e aceitar o comportamento como parte do pacto. Teoricamente, isso ocorre porque elas avaliam a relação custo-benefício e concluem que é melhor permanecer casada. A decisão também pode estar associada ao tipo de personalidade (lembre-se dos aspectos definidos como "cinco grandes fatores"), que as leva a optar por ficar em uma relação destrutiva, sem ver outra saída nem conseguir redimensionar suas possibilidades.

Enquanto avalia o que é correto para você (talvez o arrependimento profundo do seu marido e um pedido sincero de desculpas), lembre-se de que, por ser do sexo feminino, a química do seu cérebro a torna mais suscetível a reações traumáticas após fatos que causam sofrimento, mesmo depois de passado bastante tempo do ocorrido. Por isso, a descoberta ou revelação do caso do parceiro pode ter um efeito mais devastador do que ele jamais conseguiria imaginar (já que ele não conta com as mesmas reservas de estrógeno nem com a prolongada liberação de cortisol). Pense na possibilidade de deixá-lo expressar seus sentimentos, concentre-se no que ele fez e por quais motivos e veja se há chances de ele corrigir o comportamento. Não permita que a química do seu cérebro a leve a reações que possam trazer arrependimento quando a tempestade passar.

Profissionais abordam as possibilidades

Várias pessoas envolvidas em uma crise pós-descoberta de infidelidade perguntam se devem recorrer primeiro a um terapeuta ou a um advogado especializado em separações. Costumo responder que convém consultar ambos. Como mostrado no capítulo 8, um terapeuta pode ajudar a descobrir se o casamento ainda é viável ou não, enquanto um advogado orienta sobre os aspectos jurídicos e os direitos de cada um.

Sejam quais forem seus sentimentos sobre as facilidades que a lei oferece para as pessoas desfazerem um compromisso que, em tese, deveria durar a vida toda, trata-se de uma realidade, e talvez você precise aprender a lidar com ela no futuro. Para que isso ocorra da forma mais sensata, é melhor procurar orientação legal e manter o acompanhamento de um advogado durante todo o processo. Se quer saber quais são suas vantagens e desvantagens, marque uma consulta com um profissional especializado em divórcios e questões de família. A melhor forma de conseguir uma indicação é por meio de um cliente satisfeito com o atendimento que recebeu em uma situação similar à sua (se for um amigo ou conhecido, melhor ainda). Para otimizar a conversa com o profissional, leve todos os comprovantes financeiros que você tiver (declarações de imposto de renda, comprovantes de investimentos, documentação referente ao financiamento de imóveis, contas de despesas da casa, faturas de cartão de crédito). O advogado precisa saber qual a situação do casal, de seu marido e de seus filhos, incluindo o padrão de vida, a relação entre despesas e ganhos e a existência de dívidas ou compromissos.

Terapia - Para você, seu marido ou para o casal

Você deve se lembrar de que no capítulo 8 ressalto como a terapia de casal pode ajudar a enfrentar uma crise, situação comum após a descoberta ou revelação de uma infidelidade. Naturalmente, a terapia pode auxiliar igualmente o casal que se dispõe a consertar o casamento, a permanecer com o problema ou a se separar. Vejamos agora a sua situação individualmente.

A terapia de casal é uma saída importante, mas em alguns casos a individual faz mais sentido. A consulta em dupla irá atender aos objetivos conjugais e se concentrar nos problemas que você e seu parceiro enfrentam em decorrência de padrões de comportamento, problemas de comunicação ou de atitude, expectativas não satisfeitas ou agendas ocultas. Já a terapia individual ajuda a compreender as questões que provavelmente se consolidaram antes mesmo que você conhecesse seu parceiro. A maioria das pessoas se casa com o "pacote completo", que inclui coisas boas e más trazidas da vida anterior ao casamento.

Se você vem de uma família disfuncional, suas oportunidades para aprender a agir de forma saudável e livre de neuroses provavelmente foram limitadas. Sem bons exemplos, é difícil saber como ser um cônjuge ou pai/mãe equilibrado. Naturalmente, o mesmo vale para seu marido. A terapia individual pode ajudar a avaliar sua vida, colocando um fim nos comportamentos destrutivos que não surtem bons efeitos (ainda que pareçam confortáveis para você). Na realidade, alguns profissionais recomendam que seus pacientes façam terapia de casal e individual em paralelo. Nas sessões individuais, há espaço para abordar eventuais disfunções emocionais que estão na raiz de boa parte dos comportamentos destrutivos e das reações ineficientes (ou até mesmo prejudiciais). Se um dos cônjuges tem transtorno de personalidade, a terapia individual é indicada para ajudar na compreensão da origem dos problemas.

Vejamos o caso de Kate. Quando me procurou para sessões individuais, ela se sentia solitária e insatisfeita com seu casamento e com sua vida em geral. Estava casada com John havia oito anos e o casal não tinha filhos. No ano anterior, ela havia descoberto um caso do marido, ocorrido durante uma viagem a trabalho. Quando lhe perguntou sobre o fato, o marido implorou perdão e ameaçou se matar. Kate concordou em esquecer e superar o que havia acontecido.

Quando perguntei a Kate como era o relacionamento com John, ela revelou que, ao conhecê-lo, percebeu que ele era inseguro e carente, mas na época as características não a incomodaram. Durante a convivência, porém, ela percebeu que precisava protegê-lo e confortá-lo o tempo todo. Com poucos amigos, o marido dependia dela para tudo e não gostava quando ela se afastava. Também tinha acessos de raiva, seguidos de pedidos de perdão. Com medo das explosões do marido, Kate nunca conversou com ele sobre essas percepções. Apesar do que via, estava apaixonada e havia ignorado os conselhos de sua mãe, que não considerava John um bom marido.

Após o casamento, as oscilações de humor de John se intensificaram, assim como os acessos de fúria. Aos poucos, ela se distanciou de vários amigos, a fim de evitar a "recepção" nada calorosa quando voltava para casa após um programa com colegas ou conhecidos. Os acessos de John deixavam o ambiente insuportável e, com o tempo, Kate aprendeu a lidar com o comportamento dele. Ela apreciava os bons momentos e achava melhor esquecer os ruins. Algumas vezes, se considerava até feliz na comparação com a mãe, pois o pai era um homem raivoso, frustrado e ansioso, e Kate sabia muito bem como era difícil para a família conviver com alguém assim.

Durante a terapia individual, Kate descobriu que o pai tinha transtorno de personalidade do tipo *borderline*. Ela conseguiu avaliar o próprio comportamento e descobrir por que também tinha escolhido um parceiro com o mesmo perfil. Ao juntar as peças, percebeu que havia "se casado" com o pai no momento em que se uniu a John. Sem perceber, havia ocupado o lugar da mãe. Kate também descobriu como seu comportamento de codependência atuava na hora de fazer escolhas e de que maneira ela também tinha necessidades, além das de John, que precisavam ser examinadas.

Nessa época, John começou um tratamento para aprender a lidar com a depressão, a ansiedade e as mudanças de humor, comuns em portadores do transtorno de personalidade do tipo *borderline*. Ele se comprometeu a continuar na terapia, fortalecido ao saber que poderia melhorar bastante se fosse acompanhado por um profissional e munido de determinação. Ninguém diria que a "pulada de cerca" de John poderia ser algo positivo, mas, para o casal, serviu como um mecanismo para levá-los a um relacionamento mais saudável.

Em todos os casos, se você tem sintomas de problemas psicológicos sérios e que exijam um tratamento adequado (de terapias individuais ao uso de medicamentos, se for o caso), ou inseguranças que a levam a ter medo do abandono ou a evitar a aproximação com o outro (um dos cenários que conduzem a infidelidade, lembra?), um profissional treinado pode fazer o diagnóstico e ajudá-la a enfrentar os problemas na sua vida.

O fator "ex"

A infidelidade causa uma fratura no casamento. No entanto, existem muitas uniões que superaram o fato e ainda conseguem fazer transformações positivas depois da explosão da notícia (trataremos do assunto no capítulo 12). Em geral, esses casamentos saem fortalecidos após a crise gerada pela traição (e todo o esforço necessário para recuperar a relação). Da mesma forma, existem muitos relacionamentos que nunca enfrentaram uma traição, mas que, nem por isso, são saudáveis — como os casos que envolvem parceiros física, sexual ou emocionalmente abusivos, dependentes de drogas ou álcool, ou pessoas que arriscam a estabilidade da família por meio de práticas como o jogo, as atividades ilegais ou o comportamento compulsivo. Se a família não se proteger e isso continuar, esses casamentos nunca produzem bons resultados para a esposa e os filhos.

Já a infidelidade pode colocar o casal em um momento novo, no qual ambos se sentem responsáveis pela manutenção do vínculo — que chegou perto de ser rompido. Isso vale, sobretudo, quando a traição decorre de um problema no relacionamento, uma falha que o casal acaba identificando e tentando reparar. Nesse momento, vou me limitar aos aspectos que você deve levar em conta tanto se estiver em condições de avaliar com calma o que aconteceu com seu marido quanto se sua raiva for tamanha a ponto de fazê-la desejar vingança.

Aspectos importantes

Sua reação ao divórcio após descobrir a infidelidade do seu parceiro irá variar de acordo com seu perfil psicológico, sua personalidade e as características específicas de seu casamento e do caso extraconjugal. Um estudo divulgado no *Handbook of Divorce and Relationship Dissolution* revelou que as pessoas que passam por um divórcio tendem a se sentir mais deprimidas, menos saudáveis e menos satisfeitas com a vida do que pessoas casadas. Além disso, quem se separa por causa de infidelidade se mostra mais desgostoso do que quem se separa por outra razão. Alguns estudos também revelam que, após o rompimento, as mulheres traídas se mantêm mais tempo ligadas emocionalmente ao ex-marido e menos aptas à separação do que quem se divorcia sem a ocorrência de uma traição. É claro que a infidelidade provoca uma crise conjugal havendo ou não divórcio, mas cito esses fatos para você perceber que o divórcio pode parecer uma forma decisiva de solucionar o problema da traição, embora talvez não seja a solução perfeita para você.

A separação significa a dissolução dos laços legais do casamento e define aspectos práticos da vida pós-rompimento, como divisão dos bens, pagamento de pensão e guarda dos filhos. Há vários anos, Linda J. Waite e suas colegas que trabalhavam no Institute for American Value, uma conservadora instituição voltada à defesa do casamento, fizeram uma pesquisa para saber se o divórcio tornava as pessoas mais felizes. A resposta que encontraram foi negativa. Exceto em casos que envolviam violência ou abuso, e nos quais o afastamento era uma questão de sobrevivência, o divórcio raramente aumentava a felicidade dos envolvidos. O surpreendente foi descobrir que a maioria das pessoas que consideravam seu casamento infeliz e permaneciam casadas tendiam a classificar a mesma união como feliz cinco anos depois (a pesquisa está disponível no site www.americanvalues.org).

Não estou sugerindo que você leia o relatório de Linda Waite e permaneça no seu casamento ao lado de um marido portador de transtornos de personalidade e que se recusa a procurar tratamento. Mas acredito que você precise contar com todas as informações antes de decidir se afastar dele (e liberá-lo para outro relacionamento), se não é isso o que você realmente deseja ou o que de fato pode melhorar sua vida. Na realidade, antes de tomar a decisão pelo divórcio, pergunto à minha paciente se ela está pronta para abrir mão de um futuro que inclua seu marido. Está preparada para vê-lo se afastar e casar-se com outra pessoa, que irá se tornar a nova senhora Fulano de Tal e, além de assumir as funções que cabem a ela (minha paciente), ainda se tornará a madrasta dos filhos do casal? Essa pergunta normalmente basta para que uma esposa pare e reflita sobre suas prioridades, a fim de ter certeza de que realmente deseja abrir mão de tanta coisa.

Sempre pergunto quando, como e onde minha paciente chegou à decisão de se divorciar depois de saber da infidelidade do marido. Se ela responde que foi a partir da sugestão de amigos, por exemplo, tento explorar com ela as dinâmicas dessa pessoa e sua situação conjugal, para avaliar o que ela realmente quis dizer. Caso o conselho de um amigo tenha sido "Separe-se dele!", tento provocar algumas reflexões por meio de perguntas que levam minha paciente a avaliar os motivos, projeções e tendências inconscientes desse amigo, que podem acabar influenciando o conselho dado.

Enfim, você provavelmente já ouviu ou leu sobre a pesquisa que comprova os benefícios de um relacionamento íntimo e afetuoso. Além de ampliar a longevidade, acelerar os processos de cura de doenças e nos manter mais saudáveis, esse vínculo reduz a tendência à depressão, à dependência e a outras doenças (provavelmente porque eleva os níveis de oxitocina e de outros hormônios de proteção). Por outro lado, um casamento infeliz também acaba prejudicando a saúde por causa da tensão constante e da liberação de cortisol e de outros hormônios do estresse (como a prolactina), que afetam a nossa imunidade e o bem-estar geral. Diante de tudo isso, a grande questão é: você acha que é possível solucionar o que saiu dos trilhos e abriu espaço para a entrada de uma amante ou trata-se de um caso sem volta?

A única forma de descobrir o que aconteceu de errado é por meio de trabalho e dedicação — análise do ocorrido; quais os motivos; qual o papel de cada um; e se é possível voltar a serem parceiros felizes —, além de uma imensa persistência após um caso de traição. Com a orientação de um terapeuta hábil e qualificado, você conseguirá descobrir se é capaz de perdoar seu marido e tentar recuperar o casamento ou se convém optar por um caminho à parte. Mas lembre-se: em alguns casos (com exceção dos relacionamentos que envolvam dependência ou transtorno de personalidade, claro), só percebemos o que tínhamos depois de perdê-lo. A principal mensagem para esse momento é simples: não tome nenhuma decisão impulsiva que, ainda que pareça satisfatória de imediato, pode comprometer seu bem-estar a longo prazo.

PARTE 4
COMO ESSA HISTÓRIA VAI TERMINAR?

Capítulo 11 – Hora do resgate

A última parte deste livro é dedicada a você (esposa, mulher e indivíduo) e aborda as formas de lidar melhor com a tempestade conjugal que está se formando no seu horizonte ou que já tenha atingido a sua vida com força total, trazendo os ventos da mudança e muitas incertezas em relação ao que virá pela frente. Felizmente, como ser humano, você já tem alguma experiência sobre nossa inabilidade em prever ou fazer planos para o futuro com algum grau de certeza. Em qualquer momento, tudo o que podemos fazer é nos esforçarmos ao máximo, apostando no futuro, sem nos preocuparmos com o que não pode ser modificado (passado) ou controlado (os dias que virão e o destino de qualquer pessoa adulta com vontade própria). Ainda assim, conhecer toda essa filosofia é bem diferente de transportá-la para a prática em tempos de insegurança.

Este capítulo irá ajudar a colocar as coisas em perspectiva, seja para a decisão pelo divórcio ou para avaliar as questões que conduziram à crise conjugal. Seja qual for a sua situação, é perfeitamente normal se sentir sobrecarregada, confusa, desvalorizada e talvez até exigida para além de suas forças. Agora, vamos ver como enfrentar a tempestade (seja sozinha, com o apoio de um grupo ou a ajuda de uma crença religiosa) com o menor desgaste e sofrimento para corpo, mente e espírito. Você já sabe que ser humano significa enfrentar a adversidade. A não ser que você se encontre totalmente protegida e isolada (o que costuma ser uma desvantagem imensa a longo prazo), irá encontrar obstáculos e decepções em seu caminho. Mas saber como lidar com as alegrias e as tristezas da vida faz toda a diferença.

O custo do desgaste

Hans Selye, endocrinologista nascido em 1907, é considerado o primeiro cientista a identificar os danos físicos provocados pelo estresse no ser humano. (Na verdade, o termo *stress* é uma designação inadequada que ganhou popularidade porque o inglês não era a língua materna de Selye, que depois revelou preferir que a palavra adotada fosse *strain*, ou seja, esforço violento.) Dr. Selye desenvolveu a famosa tese da Síndrome de Adaptação Geral (SAG) para explicar como o estresse (ou seja, o processo fisiológico de reagir a um fator que demanda grande esforço) pode prejudicar o corpo em vez de protegê-lo, dependendo das respostas de cada um.

De acordo com ele, se os hormônios do estresse e os neurotransmissores como cortisol não forem controlados, a pessoa adoecerá. As condições mais comuns provocadas pelo estresse são pressão alta, aumento dos níveis de açúcar e de colesterol no sangue, problemas cardíacos, fraqueza muscular, perda óssea, declínio da imunidade e da capacidade de recuperação, distúrbios gastrointestinais, alguns tipos de câncer e de úlcera e complicação de infecções virais (como herpes) ou de distúrbios autoimunes, como lúpus.

Formas de enfrentar o problema

Agora que sabe por que o estresse descontrolado pode ser prejudicial, como você faz para lidar com os fatores que provocam o problema — seja de origem financeira, conjugal, emocional, física ou até mesmo existencial? De acordo com especialistas, cabe a cada um avaliar o que lhe causa estresse (esse fator pode ser percebido como positivo ou negativo). Você identifica o fator de estresse como uma ameaça, uma fonte de perda, como um desafio ou uma nova oportunidade? Além disso, também cabe à pessoa saber se pode alterar o quadro (transformar um temor em desafio, por exemplo) ou não. O modo de enfrentar a situação depende das respostas a essas perguntas. Em geral, existem três formas básicas de lidar com o problema: a busca de solução, a concentração nas emoções e o isolamento da questão.

Busca de solução

Esta postura envolve a determinação em solucionar o problema externo ou em superar o desafio colocado pelo agente causador do estresse. Um exemplo pode ser a procura por um bom terapeuta de casais, por mais raiva ou mágoa que você sinta em relação a seu marido. Faz parte desta postura recorrer a diversas estratégias, como a busca de informações ou o aprendizado de novas habilidades, tentando atender às demandas circunstanciais. Em geral, essa atitude funciona quando o agente causador do estresse é passível de controle ou de mudança.

Concentração nas emoções

Esta postura envolve uma mudança de intensidade ao entrar em contato com a fonte do estresse e costuma funcionar quando o agente causador não pode ser mudado. Se você acaba de descobrir que seu marido teve um caso "de uma noite só", por exemplo, não poderá mudar o que ele fez, mas é capaz de reduzir o impacto do evento na sua mente ou procurar apoio para se sentir melhor diante do ocorrido. Ou talvez você consiga até ver um lado positivo na situação, acreditando que ele tenha aprendido uma lição valiosa, e jamais irá repetir o erro porque se arrependeu muito e concluiu que a "escapada" não valeu a quebra de confiança ou a dor causada em você.

Evitar o problema

Finalmente, a postura de evitar o problema envolve a decisão consciente de não usar nenhuma estratégia para abordar o agente causador do estresse. Uma tática comum é o escapismo por meio da fantasia. As formas de lidar dependem do agente que causa o estresse e também dos recursos individuais (pessoais, sociais ou espirituais). Para a maioria dos especialistas, as pessoas utilizam uma combinação desses estilos para atender às demandas internas ou ambientais causadas pela fonte do distúrbio. Seja qual for o seu recurso, não é possível mudar o passado, mas o futuro oferece uma página em branco, a ser preenchida de acordo com a sua forma de ver a vida e com as escolhas que você fizer.

Decisão consciente

Não confunda a forma de lidar com um problema com a negação do conflito. A escolha de uma estratégia para solucionar o primeiro é consciente, mesmo que você escolha o caminho da fuga. Por outro lado, os mecanismos de defesa são inconscientes e usados para represar ou negar o que pode causar dor ou desconforto psíquico ao ego consciente. Algumas vezes, a estratégia de evitar o problema pode ser adequada, mas sua negação ou repressão geralmente resulta em complicações posteriores.

A curto prazo, a negação é uma bênção, mas ao longo do tempo compromete a capacidade de seguir em frente e assumir um plano de ação (ou um luto) e retomar o caminho rumo ao futuro.

Danos à alma

Mesmo que você seja uma pessoa que costuma enfrentar os problemas, é possível que ainda assim se sinta deprimida, triste ou sem esperanças sobre o rumo das coisas. O melhor antídoto para o negativismo é manter a mente concentrada nas tarefas do presente e a visão voltada para o futuro. Eleanor Roosevelt uma vez declarou que "ninguém faz o outro se sentir inferior sem que este consinta" e, do ponto de vista psicológico, ela estava bastante atenta às emoções. Uma das formas mais eficientes de lidar com sentimentos difíceis e fatos desgastantes (além do acompanhamento de um terapeuta) é escrever um diário, para depois ler, reler e revisar o que escreveu.

De acordo com os profissionais que estudam e aplicam a terapia das emoções expressivas, as pessoas que conseguem relatar experiências ou abalos traumáticos por escrito, por meio de uma forma narrativa que usa o "processo cognitivo" (ou seja, pensando nas experiências e sensações que está descrevendo), se saem melhor, tanto física quanto emocionalmente, do que aquelas que não conseguem fazê-lo. Além disso, a prática de escrever um diário, além de barata e eficiente, pode ter o alcance que você quiser (de totalmente privativo a partilhado na internet, como é o caso dos blogs). Só tome cuidado com a lei e evite expor aspectos ofensivos a seu marido ou à amante dele, sob pena de complicações legais. No que se refere a seu diário pessoal ou a uma carta a ser enviada à amante do seu parceiro, reserve tempo para reler o que pretende enviar: as palavras escritas duram para sempre, enquanto as que são ditas podem ser esquecidas e desaparecer com o tempo.

Outra forma de se sentir melhor consiste em se envolver em alguma atividade criativa, como pintura, leitura ou criação de poemas, por exemplo. Não permita que culpa, vergonha, orgulho ou constrangimento a impeçam de abraçar uma oportunidade de crescimento e desenvolvimento. Um exemplo famoso de mulher que transformou a triste realidade do seu casamento é o de Anne Morrow Lindbergh. Acredita-se que ela começou a escrever o clássico *Presente do mar* para passar seu casamento a limpo, mas, em vez disso, encontrou-se durante esse processo. Uma das pérolas de sabedoria da autora é a frase "A cura para a solidão é o retiro". Embora isso possa ser verdadeiro em algumas circunstâncias, a maioria das pessoas se beneficia com o apoio social. Só em saber que os outros se preocupam com você, a valorizam e estão dispostos a ajudá-la já contribui para tornar os desafios mais suaves.

COM A AJUDA DOS AMIGOS

Não importa se você decidiu continuar casada ou se separar, os grupos de apoio e a terapia podem funcionar como uma fonte de força e de estímulo quando você se sentir sozinha e quiser aprender com a experiência e o conhecimento de outras pessoas. Os vínculos entre os integrantes do grupo e as outras dinâmicas (transferência, empatia, simpatia, percepção da realidade) podem propiciar uma sensação de bem-estar, fortalecimento e pertencimento bastante valiosa em épocas de indecisão e problemas conjugais.

Um pouco de fé

Lidar com os fatores de estresse (sozinha, com a ajuda de um diário ou de um terapeuta) dentro de um grupo de ajuda formado por pessoas em situações similares pode ajudar bastante. No entanto, há momentos em que parece que precisamos de algo mais. Nas piores horas de desespero e dúvida, muitas pessoas encontram alívio em suas crenças espirituais. Embora a oração e a busca de auxílio junto a uma força maior possam parecer recursos sem sentido para quem não acredita nisso, estudos revelam que, para muitas pessoas, a crença em Deus ou em alguma força superior exerce um poder de amparo em momentos de crise e de incertezas (e pode realmente unir uma família).

Há muito material escrito sobre a saúde e o bem-estar de quem tem crenças religiosas ou espirituais. Segundo as pesquisas, a fé em Deus ou em um poder sobrenatural pode auxiliar uma pessoa que precisa se curar e de fato reduz as incertezas emocionais. Mas pesquisas mostram que o uso da religião ou de Deus no processo de abordagem de um problema pode ser negativo, como quando uma pessoa conclui que foi abandonada por Deus ou que está sendo punida por erros do passado.

Por outro lado, a busca desse apoio superior pode ser favorável ao processo se a pessoa em dificuldade acredita que essa força superior tem caráter benevolente e afetuoso, em vez de vingativo e condenatório. Aparentemente, as pessoas que tendem mais a acreditar na imagem de Javé presente no Antigo Testamento, um deus punitivo e rigoroso nos julgamentos, têm menos êxito com o recurso da religião do que os devotos que acreditam em uma imagem de apoio e conforto, como a representação de Jesus Cristo no Novo Testamento.

Os estudos também revelaram que existem diferenças na forma de usar a religião. Quem desenvolve uma religiosidade movida por fatores externos (como a busca da proteção divina ou de uma vida social ancorada na atividade de uma igreja, por exemplo) tende a receber menos benefícios emocionais com suas crenças em momentos de desconforto. Por outro lado, devotos que abraçam realmente a fé o fazem com o objetivo de satisfazer necessidades pessoais, sem se importar com a pressão social. Isso é o que entendemos sobre as possibilidades de enfrentar o problema. Pedir a Deus que resolva sua situação ou mude a forma de agir do seu marido só contribuirá para ampliar a ansiedade. Da mesma maneira, culpar-se por algo que aconteceu no passado (e que você acredita que esteja sendo cobrada ou castigada agora) ou maldizer os céus pelos seus dissabores também não ajuda em nada. Por outro lado, a frase de Benjamin Franklin "Deus ajuda a quem se ajuda" e o provérbio "Deus dá o frio conforme o cobertor" são dois exemplos de como usar o aspecto religioso de forma positiva.

A busca de objetivo e de coerência na sua situação — perguntando-se por que as coisas aconteceram desse modo, quais lições podem ser extraídas e como você pode usar o que aprendeu para ajudar quem passa por dificuldades similares) é exemplo de uma postura positiva. Em geral, acreditar que há males que vêm para bem também contribui para reduzir a ansiedade e o desgaste. Além disso, recorrer às crenças espirituais ou à fé para encontrar conexão com algo superior, afastando-se de um presente doloroso, ou dedicar-se a atividades que envolvam causas, preocupações e compromissos com outras pessoas costuma elevar o espírito, seja qual for a sua postura religiosa.

Como fugir da depressão

Agora que você conhece as formas de lidar com os agentes que causam o estresse, fique atenta à exaustão. Jamais descuide do descanso, da alimentação e das demais medidas que ajudam a equilibrar o corpo, a mente e o espírito em um momento em que está reavaliando sua vida. Tente fugir da sedução fácil da automedicação. Comer ou beber em excesso, abusar dos remédios e cultivar a raiva e a hostilidade só servem para causar mais desgaste do que para propiciar o alívio que essas saídas podem prometer à primeira vista. Preste atenção nas suas necessidades diárias — sono, encontro com amigos, alimentação adequada e atividade física — e na sua vida afetiva, como o cuidado com as pessoas que você ama e que dependem de você. Afinal, viver bem e cuidar de si são essenciais para garantir a capacidade de reagir e de enfrentar os problemas. Tente fazer exercícios que reduzam o estresse e liberem endorfina, além de atividades comprovadamente adequadas para relaxar: meditação, respiração, técnicas de relaxamento, hipnose, pilates, ioga etc. Costumo orientar os pacientes a reservar pelo menos uma hora do dia para fazer algo para si, sem pressão — pode ser um banho demorado, uma conversa ao telefone com um amigo, um passeio para apreciar vitrines ou um tempo para ouvir música com tranquilidade. Trata-se apenas de dar a si mesmo a permissão de fazer nada sem se sentir culpado por isso.

Caso nem os exercícios nem as práticas que contribuem para reduzir o estresse lhe ajudarem, converse com seu médico sobre a conveniência de recorrer a ingredientes naturais, como geleia real (excelente fonte de ácido pantotênico), alcaçuz (mas apenas sob supervisão médica), óleo de borragem ou algas. Se o que você sente é mais do que uma tristeza, marque uma consulta para verificar se não se trata de depressão. Há médicos, terapeutas e medicamentos específicos (como os inibidores seletivos de recaptação de serotonina, chamados de SSRI, e os inibidores de recaptação de serotonina e noradrenalina ou norepinefrina, conhecidos como SNRI) que podem ajudar a aliviar seu sofrimento. Ainda que o processo que você está enfrentando seja doloroso e pareça não ter fim, tenha em mente que tudo acaba se procurarmos ajuda. E, por mais que você não consiga acreditar nisso agora, é certo que você irá sobreviver e chegar a um cenário mais tranquilo. Dias melhores virão. Sua tarefa é se manter inteira para vislumbrar seu futuro.

Capítulo 12 – É possível perdoar?

Este capítulo avalia como e por que a serenidade e a satisfação podem fazer parte da sua realidade mesmo depois de sua vida parecer ter sido atingida por um furacão. No final, você irá compreender por que, para preservar sua saúde e paz de espírito, é preciso se reconciliar com o passado.

Em busca de algo novo

A fim de se recuperar de verdade após uma crise conjugal gerada por infidelidade, em primeiro lugar você precisa ter em mente as antigas interações que deixaram seu relacionamento vulnerável a um caso extraconjugal. Ao mesmo tempo, você também precisa seguir em frente, em termos psicológicos, no sentido de afastar da sua vida o "fantasma" da rival.

Você já ouviu falar que errar é humano, mas perdoar é divino? Costumo sugerir às pacientes que procurem a parte divina dentro de si e tirem lições valiosas da experiência que tiveram desde que a crise conjugal se instalou. Se o casal decidir permanecer unido, é vital deixar para trás todas as hostilidades, mágoas, ressentimentos, raivas ou sentimentos negativos (emoções que já deveriam ter sido trabalhadas antes da tomada de decisão sobre os rumos da dupla) em relação a seu parceiro. Da mesma forma, é importante não alimentar nenhuma reprovação quanto à própria atuação, culpando-se por ter errado aqui e ali ou por não ter tido percepção, motivação ou habilidade para agir de outra forma.

Não faltam exemplos de casamentos nos quais, apesar de uma traição assumida do marido, a mulher optou por permanecer no relacionamento — seja por si mesma, pelos filhos ou pelo próprio marido. Muitos casais famosos (sem falar nos anônimos) optam por seguir juntos, apesar da repercussão de um adultério.

Mas os casamentos que se mantêm mesmo após a revelação da infidelidade do marido não devem surpreender ninguém. Afinal, podemos concluir que o elemento que não conseguiu extinguir esses relacionamentos provavelmente acabou por fortalecê-los. Ou, após a avaliação dos prós e contras, a mulher tenha preferido prosseguir no casamento a "abandonar o barco" por causa de outra. Conforme já falamos, como menos de 10% dos casos extraconjugais terminam em casamento, e destes casamentos mais de 60% também terminam em separação, por que não dar uma segunda chance (não estou falando de relações que envolvem abuso, dependência química ou comportamento criminoso) para o entendimento?

De acordo com a psicóloga Dorothy Tennov, a infidelidade ocorre quando a tentação supera a resistência em um momento crítico e, nesse contexto, manter seu casamento por motivos egoístas pode parecer uma decisão pragmática. Além disso, como Carol Lloyd afirmou em um artigo publicado na revista on-line *Salon.com*, 80% das pessoas que se separam por causa de uma traição lamentam a decisão, tanto o parceiro infiel quanto o traído. Ou seja, permanecer no relacionamento apesar do trauma da infidelidade pode não ser uma coisa de outro mundo.

Finalmente, cito a famosa frase de Samuel Johnson: "O segundo casamento é o triunfo da esperança sobre a experiência." A decisão de permanecerem unidos após uma traição (ou quando isso chegou muito perto de acontecer) não é igual a um segundo casamento. Mas, de qualquer forma, o casal está dando uma nova chance ao compromisso assumido, ainda que envolva as mesmas pessoas. Em vários casos, o casal que supera os traumas provocados por uma traição (ou as investidas ferozes de uma terceira pessoa) passa a zelar ainda mais pelo vínculo que o une, resultante de um esforço para preservar o que já havia sido construído. Eles sabem o que estiveram muito perto de perder. Por terem se aproximado tanto do final, cuidam mais dos elos e valorizam a união, enquanto o fantasma da "outra" desaparece com o tempo. Para muitas dessas pessoas, a chegada de uma "ameaça" serviu para alertá-las para os problemas do relacionamento e fazê-las renovar seu compromisso.

Uma porta se abre

O poeta Virgílio escreveu que o amor vence tudo, mas, quando se trata de viver bem, o que precisamos é de ter capacidade de perdoar e de seguir em frente sem alimentar hostilidades e ressentimentos, dois famosos sabotadores da vida saudável. Nesta parte final, quero abordar as dinâmicas psicológicas do perdão, quais seus efeitos e motivos.

Os especialistas que estudam o papel do perdão em um relacionamento o consideram um mecanismo de reparação presente em nosso repertório emocional desde que os seres humanos enfrentam desilusões amorosas. Mas para que exista perdão, é preciso haver transgressão — ou seja, um ato deliberado ou uma omissão considerada errada e capaz de prejudicar outra pessoa, tanto física quanto emocionalmente. Assim como a lei não condena ninguém por acidentes, o perdão não é necessário (ainda que haja remorso) se o ato ou a omissão foi algo imprevisível, não intencional ou fora do controle. Por isso, identificar o erro e sua origem é o primeiro passo antes de pensar em perdão. Como este livro foi escrito com o objetivo de proteger seu casamento, vejamos o caso de uma traição para avaliar como funciona esse processo (afinal, trata-se de um ato intencional, inaceitável e errado.)

Cada pessoa pode ter uma interpretação distinta do que seja perdoar. No universo da psicologia, o perdão é visto como um processo. A vítima deliberadamente decide libertar-se das emoções negativas (raiva, mágoa e ressentimento) decorrentes da ação do agressor e tenta assumir uma visão mais positiva da pessoa. Mas ao mesmo tempo deixa claro ao autor da transgressão que o que ele fez é doloroso, inaceitável e intolerável. Caso a vítima decida perdoar, deixará de alimentar os desejos de vingança ou retaliação contra o agente do problema. Como podemos ver, o perdão envolve a vítima e suas emoções, não o transgressor ou o que quer que ele sinta. De acordo com Frank Fincham, "o perdão só ocorre com a consciência de que o transgressor tem culpa pelo mal causado, que por causa disso comprometeu o direito à simpatia, à confiança ou à aprovação da vítima, e que esta última tem todo o direito de se sentir ferida". Ou seja, o perdão é uma dádiva que só pode ser dada por quem sofre as consequências de uma má ação.

BENEFÍCIOS IMPORTANTES

De acordo com outros pesquisadores, o perdão pode propiciar à pessoa ofendida três benefícios: a visão clara de como seu casamento realmente é; a forma de se recuperar ao se livrar dos efeitos devastadores causados pelos sentimentos negativos em relação ao parceiro; e a menor necessidade de punição ou vingança contra a outra parte.

Antes de nos aprofundarmos, pode ser útil identificar com clareza *o que não é* perdoar alguém. Adaptar-se a uma situação não significa perdoar a pessoa. Ao perdoar, você não está declarando que considera o malefício aceitável, justificável ou compreensível. Da mesma forma, negar o ocorrido e evitar a dor da transgressão também não é equivalente. O indulto ou absolvição decretado por uma terceira parte (como um juiz ou o presidente, por exemplo) não significa que houve perdão nem tem o poder de reconciliar as partes, uni-las ou provocar o esquecimento. A reconciliação só ocorre se a vítima realmente perdoar a outra parte, e também exigir que o transgressor aja por vontade própria e queira ser recolocado na vida da vítima, que pode aceitar ou não esse desejo. O perdão, por outro lado, cabe apenas à pessoa que sofreu os prejuízos da transgressão. É ela quem decide se perdoará. Se ocorrer de forma forçada, não se trata de perdão, e sim de coação.

Por que perdoar?

Por que você deveria perdoar uma infidelidade? A primeira razão é: para se sentir melhor ou para conseguir reavaliar a relação de vocês, deixando claro que o que ele fez é indesculpável, inaceitável e doloroso, mas que, para seu benefício, você pretende parar de ruminar as ofensas e de procurar mecanismos de vingança. Você também está pronta para se libertar da raiva, da agressividade, da hostilidade e da revolta que a transgressão dele lhe causou.

De acordo com a fé judaica, para que ocorra perdão, o transgressor precisa se mover. Para se libertar da culpa, é essencial que ele ofereça uma compensação à vítima e peça perdão. A noção de obtê-lo por meio da iniciativa é definida em hebraico pelo termo *Teshuvah*, que costuma ser traduzido como "arrependimento", mas que originalmente significa "retorno". Já na doutrina cristã, por outro lado, o perdão cabe a quem sofreu os males causados por alguém. Fincham lembra que a orientação de santo Agostinho, "ame o pecador, despreze o pecado", ressalta o fato de que todos somos seres imperfeitos. Apesar dos eventuais erros, todos temos qualidades (como ser bons pais, bons provedores para as necessidades da família, generosos, ou outras características positivas) que às vezes compensam os aspectos negativos, até mesmo os graves. Em outras palavras, trata-se do cuidado para não jogar o bebê fora junto com a água suja da banheira ou lembrar-se da advertência cristã sobre atirar a primeira pedra. A questão é que, por mais que a infidelidade de seu marido seja dolorosa, por si só não justifica o final do casamento.

Caso seu parceiro se mostre arrependido e prometa corrigir sua forma de agir, é mais fácil perdoar do que se o comportamento se prolongasse. Mesmo que ele não se revele comprometido com a correção no futuro, talvez você ainda assim queira perdoá-lo para se libertar das emoções negativas que sentiu após a descoberta ou revelação da traição. Perdoar, porém, não significa negar o que aconteceu ou ficar vulnerável a mais dor. Isso é tentar se enganar. Se você perdoa alguém que sabe que provavelmente irá repetir o erro, precisa ter consciência disso. (E isso é importante para se livrar dos sentimentos de raiva, depressão, hostilidade e revolta, que causam efeitos drásticos para a *sua* saúde, não para a de seu marido nem para a da amante). Em seguida, tome as medidas necessárias para eliminar essa pessoa da sua vida ou removê-la para uma posição na qual as novas transgressões a atinjam menos. No final das contas, perdoar permite processar as emoções negativas, livrar-se delas e seguir em frente. Se o novo percurso rumo ao futuro envolve ou não seu marido, cabe a você decidir.

Aspectos positivos e negativos

Os estudiosos afirmam que o perdão envolve não apenas o abandono das emoções negativas (pensamento rancoroso em relação ao transgressor ou desejo de vingança), mas também promove os bons sentimentos, como a benevolência e o desejo de conciliação. Há muitos estudos sobre os aspectos positivos do perdão. Lembra-se do que foi dito sobre os "cinco grandes fatores"? Bem, ser uma pessoa agradável e com baixo neuroticismo estimula a capacidade de perdoar (os narcisistas raramente perdoam, enquanto os codependentes tendem a arrumar desculpas ou negar o mau comportamento e se adaptar às circunstâncias). Além disso, como se pode esperar, os estudos mostram que, quanto maior o envolvimento de uma pessoa ao entrar em um relacionamento (quanto mais satisfeito com o parceiro e mais dedicado à união), maior a disposição para sentimentos positivos após uma transgressão. A opção por perdoar ou não depende da gravidade do ocorrido e de saber se se trata de um caso isolado ou de um padrão de comportamento. Mas se você se sente em um casamento feliz, tenderá a reconsiderar o que aconteceu.

É interessante notar que as emoções negativas que acometem alguém após uma transgressão, como a raiva e o desejo de vingança, têm um objetivo: restabelecer a autoimagem que sofreu um abalo. Sua autoimagem pode ter sido prejudicada pela infidelidade de seu marido ou pelo fato de ele não ter pensado em você e no compromisso do casal antes de "pular a cerca". Nesse caso, seria natural querer restabelecer sua integridade recorrendo a uma forma de retaliação. Além disso, se você tende a cultivar raiva e a ter acessos de fúria, as chances de perdoar de verdade diminuem. Mas enquanto você se mantiver no calabouço do rancor, lembre-se de que, com o passar do tempo, alimentar a hostilidade pode provocar hipertensão, comprometer a imunidade e promover o isolamento social, o que não contribui em nada para sua saúde e felicidade.

Vejamos o que aconteceu com Sue, que se casou com Jim, colega de faculdade. Os dois viviam bem, curtindo os filhos e o sucesso dela, dona da maior agência de viagens da região. Embora não tão bem-sucedido profissionalmente, Jim tinha seu trabalho de corretor, era uma pessoa amigável e disposta a ajudar os outros.

Com frequência, Jim se envolvia bastante com quem precisava de ajuda — como aconteceu no caso de Tess. Todos os dias, a colega de trabalho aproveitava a proximidade para elogiá-lo e agradá-lo. Jim apreciava essa dedicação e não sentia nenhuma ameaça, já que Tess era uma mulher de trinta e poucos anos, casada e mãe. Além disso, não tinha a boa aparência e a mesma formação de Sue. Ou seja, Tess não era do tipo que lhe chamaria a atenção, mas ainda assim ele apreciava seu contato e suas demonstrações de admiração.

Logo começou a ganhar presentes. Jim não se sentia à vontade com a iniciativa, mas não queria ser grosseiro e aceitava as gentilezas. A aproximação continuou e Tess tornou-se sua amante. Em uma avaliação muito peculiar, Jim achou que, se mantivesse o caso no ambiente de trabalho, sem contaminar sua vida pessoal ou social, não estaria cometendo um pecado muito grave. E como Tess era casada, não havia por que esperar complicações.

Mas Sue descobriu o que estava acontecendo quando Tess mandou uma mensagem comprometedora para Jim, endereçada à casa da família. Chocada, Sue exigiu uma explicação e Jim confessou. O casal tinha acabado de comemorar dez anos de união e o marido lhe dera de presente uma porcelana de um casal dançando, uma peça que os dois apreciavam e mantinham em seu quarto. Em um acesso de fúria, Sue foi ao aposento, pegou a porcelana e jogou contra a parede, quebrando-a em pedaços. Em seguida, pegou um martelo e atacou o amado carro do marido, um Porsche Carrera GT (presente de aniversário que ela lhe dera). Jim ficou tão impressionado que não tentou detê-la nem chamou a polícia.

Quando a mulher raivosa voltou para dentro de casa, o marido concordou que merecia tudo aquilo e perguntou se a explosão tinha terminado. Sue garantiu que não e o aconselhou a não dormir perto dela, pois não sabia do que seria capaz de fazer. Jim não dormiu naquela noite, mas se acomodou na cama do casal, embora a mulher o tivesse proibido de se aproximar. Mas Sue acabou caindo em um sono profundo.

Ela me telefonou na semana seguinte. Depois de algumas sessões, ficou claro que, mesmo que estivesse furiosa com o marido e bastante magoada, ela o amava e não conseguia imaginar sua vida sem ele. Passou vários meses ainda com raiva, mas sentiu-se aliviada quando conseguiu compreender o que possivelmente contribuíra para o caso. Sue percebeu que o marido havia perdido espaço em sua vida e que não se julgava necessário para a mulher. Ele também se incomodava com o sucesso dela, ao mesmo tempo que se sentia culpado por esse sentimento. Por isso, ao se considerar inadequado e sem utilidade, além de inferiorizado e culpado, Jim era uma presa fácil para a nada ameaçadora Tess.

Sue conseguiu entender o que havia acontecido com ele e assumiu sua culpa na situação. Durante um ano, o casal dedicou-se à reconstrução da confiança e da capacidade de perdoar. Finalmente, Sue sobreviveu à tempestade e perdoou o marido. Jim, então, começou a avaliar a possibilidade de trabalhar com a esposa.

Embora não existam desculpas para uma traição, há sempre muitos motivos. Descobrir o que levou o parceiro a uma infidelidade oferece uma oportunidade de modificar a essência do relacionamento, conforme se tiram lições do passado. Se você teve uma participação para o rumo das coisas, seja de forma consciente ou não, permitindo a entrada de uma intrusa no casamento (ou chegasse perto disso), é hora de corrigir a rota e se perdoar também. Com raras exceções (como no caso de um parceiro com transtorno de personalidade ou dependência química), a vida a dois permite grandes realizações. Encontre uma forma de superar a dor e a dívida emocional que você tem e tente se concentrar nos aspectos da vida que você pode controlar: suas ações e reações. Ainda que para perdoar seja preciso tempo, tenha em mente o que disse Confúcio: "Quem dedica a vida à busca da vingança pode preparar duas sepulturas."

CAPÍTULO 13 – Juntando os pedaços

Agora que já sabemos como funcionam os mecanismos do amor, a mente de seu marido, a dinâmica de seu casamento e as estratégias das amantes (como e por que entram em ação, o que se pode fazer para neutralizá-las e manter seu casamento seguro), encerro este livro com uma avaliação dos fatores que levam um casamento a sobreviver ao tempo. Proponho revisar as estratégias de preservação do parceiro e fortalecimento da união que podem ajudá-la a assegurar o que lhe pertence: seu marido.

O que dizem as pesquisas

Para manter um casamento duradouro, é preciso conhecer as pessoas envolvidas. Indivíduos maduros, positivos, sociáveis e flexíveis, donos de uma autoestima saudável — que se consideram merecedores de amor, capazes de amar e preocupados com os outros — são os melhores candidatos a uma relação conjugal longa, satisfatória e comprometida. Uma pessoa otimista tem ainda mais facilidade para manter um casamento e suas dimensões básicas: partilha, comprometimento com os papéis de cada um, divisão de tarefas, confiança, postura positiva, adaptação à passagem do tempo, administração de conflitos e autonomia.

Lembrando os aspectos da personalidade já citados, anteriormente, quanto mais positivos você e seu parceiro forem (ou seja, quanto maior o grau de confiança, objetividade, altruísmo, dedicação e afeto), maiores as chances de sua união ser sustentável e menos sujeita ao desgaste. No entanto, quanto maior o índice de neuroticismo (ansiedade, hostilidade, depressão, egoísmo, impulsividade ou vulnerabilidade), maior a dificuldade de encontrar satisfação no casamento. Mesmo que você seja uma pessoa ansiosa e vulnerável, pode manter uma relação de qualidade esforçando-se para agir de forma positiva e para construir um relacionamento afetuoso e longo.

Quais aspectos sustentam um casamento saudável e estável, capaz de superar a passagem do tempo e tantos testes da vida a dois? O reconhecimento da força do casamento como uma entidade independente e a oferta de afeto (incluindo demonstrações físicas de carinho), além de emoções positivas em relação ao parceiro. A preservação de um casamento sólido exige esforço, comprometimento e determinação. Vejamos o que diz o Relatório do Comportamento do Casal, escrito pelos pesquisadores Sterling T. Shunway e Richard W. Wampler.

As avaliações dos estudiosos apontam as seguintes medidas e interações positivas dentro de um relacionamento:

Reconhecimento saudável: Apreço e afeto pelo parceiro.
Proximidade: Acompanhamento da vida cotidiana do outro.
Elogios: Admiração pelo outro e expressão desse sentimento.
Memória: Recordação das conquistas e dos desafios trilhados juntos.
Atividades partilhadas: Divisão de atividades e afazeres agradáveis.

Apoio: Suporte emocional e conselhos úteis, com o objetivo de ajudar e estimular mesmo quando há erros a serem corrigidos e mudanças a serem feitas.

Casais que gostam de passar tempo juntos e partilham conceitos morais, padrões de comportamento, religião, formação e cultura tendem a se acertar melhor do que duplas menos homogêneas. Até aqueles considerados mais felizes concordam quanto aos parâmetros que medem a qualidade do relacionamento: quantidade de tempo juntos em oposição ao tempo passado isoladamente; tempo dedicado ao casal na comparação com o tempo dedicado a atividades individuais; forma de expressar o descontentamento e solucionar conflitos; e controle de cada um no que se refere a questões como dinheiro, sexo, tarefas domésticas, cuidado com os filhos, tempo de lazer, contato com familiares e trabalho.

Embora os opostos realmente se atraiam, com o passar do tempo, elementos muito diferentes tendem a se afastar. Em um ambiente otimista, pessoas de traços opostos podem complementar uma a outra e criar um vínculo forte e menos polarizado. No entanto, especialistas acreditam que casais mais compatíveis tendem a uma relação mais satisfatória. Duplas afinadas (as que partilham a mesma visão sobre assuntos importantes, como o que esperar do casamento, por exemplo) são mais propensas a chegar a um relacionamento que atenda às suas expectativas e proporcione espaço para o crescimento, ao mesmo tempo que usufruem de uma relação calorosa e acolhedora.

Um casamento feliz

O poeta William Blake escreveu:

> *Love to faults is always blind,*
> *Always is to joy inclined,*
> *Lawless, winged, and unconfined,*
> *And breaks all chains from every mind.*[1]

O poeta tinha razão. Um olhar positivo pode contribuir muito para preservar o casamento e o parceiro. Essa postura compreende eliminar a negatividade por meio do humor e da busca do que existe de bom; dar ao outro o benefício da dúvida e acreditar sempre que as intenções dele são as melhores; saber conceder quando for realmente importante agir assim; e saber que a sedução de eventuais parceiros externos pode trazer mais problemas do que satisfação. No que se refere aos assuntos da vida a dois, tente manter um olhar positivo, concentrando-se no que existe de bom e mantendo-se grata por isso.

O poder da percepção

Preservar o olhar positivo sobre seu marido e seu relacionamento é uma atitude saudável, mas não convém esperar perfeição. Uma das primeiras conclusões dos casamentos duradouros é que os cônjuges felizes têm percepções realistas da vida a dois. E as crenças são muito importantes. Se você acredita que seu parceiro estava destinado a você, talvez se sinta menos inclinada a fazer o que é preciso para preservar um casamento, pois segue a lógica segundo

---

[1] Em tradução livre: O amor ao erro é sempre cego, / sempre devotado à alegria. / Sem regras, com asas, em liberdade / e rompe as correntes de todas as mentes. (N.T.)

a qual as coisas se ajeitam automaticamente. Por outro lado, se você acredita que as pessoas e os relacionamentos mudam e que, por isso, precisam ser bem-cuidados, provavelmente está mais disposta a fazer a sua parte para que as coisas funcionem bem.

> **QUANDO O CASAMENTO NÃO É O PROBLEMA**

Nenhum tipo de casamento pode suprir o que as pessoas não possuem internamente. Se você tem problemas de autoestima, depressão, transtorno de personalidade ou dependência química, o casamento não irá resolver a questão. Em vez disso, é preciso abordar as dificuldades individuais antes que afetem a vida a dois.

Sua percepção afeta o casamento, assim como a visão do vínculo conjugal e a maneira de avaliar a relação com o outro (é um pacto ou um contrato)? No primeiro caso, os cônjuges combinam o amor com a responsabilidade e se dedicam de forma íntegra a fortalecer a união. No entanto, correm o risco de permanecer em uma relação ameaçada por fatores como abuso, dependência química ou comportamento inadequado. Já no segundo caso, os parceiros esperam extrair do relacionamento os elementos para atingir a comunhão entre si e o crescimento individual. Em um casamento essencialmente contratual, se uma das partes se sentir infeliz, não terá dúvidas em questionar a permanência em uma relação que não atende às suas expectativas. Algumas pesquisas apontam que existem cinco virtudes — humildade, sabedoria, lealdade, dedicação e autocontrole — que atuam para o fortalecimento e o aprofundamento de um relacionamento longo, forte e satisfatório. Quem pode duvidar disso?

Complexidades do caminho

Além da forma de encarar o vínculo afetivo, o tipo de casamento que você tem irá afetar sua maneira de se relacionar com o parceiro. Existem diversos tipos de classificação de relacionamento, segundo especialistas. Mary Anne Fitzpatrick, da Universidade de Washington, por exemplo, classifica os casamentos em três grupos básicos: o tradicional (convencional, pouco autônomo — com alto grau de interdependência — e pautado pelo esforço em evitar conflitos); o independente (ou seja, com uma definição menos rígida dos papéis, semiautônomo e que contempla uma clara disposição em abordar os conflitos); e o isolado (convencional no que se refere aos papéis dos cônjuges, mas altamente autônomo, com vidas bastante independentes e sem se pautar pela solução dos conflitos).

Por outro lado, a psicóloga Judith Wallerstein estudou a vida de cinquenta casais felizes e escreveu sobre suas conclusões no livro *The Good Marriage: How and Why Love Lasts*. Ela encontrou quatro estilos de união: romântica (bastante ancorada nas memórias, como o período de namoro); salvadora (na qual um encontra no outro conforto para traumas do passado, como abuso, abandono, doença, dependência química ou negligência); companheira (com altos níveis de responsabilidade; em geral, ambos trabalham e se ocupam dos filhos); e tradicional (convencional divisão de atribuições entre macho provedor e fêmea cuidadora).

Na minha opinião, cada casamento tem complexidades e peculiaridades, assim como os indivíduos envolvidos. Depois de 35 anos de experiência com terapia de casais e de família, concordo com Francine Klagsbrun, autora do livro *Married People: Staying Together in the Age of Divorce*, que identificou algumas características comuns em casais felizes.

Disposição de incorporar as mudanças

Com o tempo as coisas mudam, assim como as pessoas, as instituições e as culturas. Os casais mais felizes são os que sabem acomodar as alterações e identificar nelas oportunidades de crescer, aprender e melhorar.

Aceitação dos fatos

Todos sabemos que ninguém é perfeito e que alguns hábitos ou comportamentos não mudam. Os casais felizes sabem identificar o que pode ser alterado e o que não irá se modificar, e compreendem isso. Aprendem a lidar com os conflitos e a aceitar realmente o que não pode ser mudado, em geral, com uma dose de humor e afeto.

Comprometimento

Casais felizes acreditam que o casamento envolve um vínculo permanente, especial e valioso. Com o passar dos anos, aprendem que as exigências podem ser maiores para um e para outro, mas que, ao longo do tempo, o relacionamento vale os esforços.

Confiança

A confiança é um elemento fundamental para que uma união preserve a intimidade física e emocional. Cada um deve se sentir protegido, amado e querido pelo outro dentro do refúgio seguro do casamento.

Interdependência com distribuição de poder

Os casais mais felizes contam com o apoio, o estímulo e a orientação do outro. Trata-se de indivíduos autônomos e capazes de partilhar as atribuições. Contar com a presença e a participação do outro em momentos difíceis contribui para fortalecer o casamento.

Apreço da companhia do outro

Os casais mais felizes gostam de estar juntos. Gostam de caminhar, conversar e partilhar atividades. Conseguem atingir o equilíbrio entre interesses individuais e comuns, sempre levando em conta valores, preferências e opiniões de ambas as partes.

Um tesouro em comum

Esses casais apreciam sua história em comum, composta de memórias que reúnem tanto momentos felizes quanto dificuldades.

Sorte a favor

Os casais mais felizes se sentem abençoados e gratos pelo simples fato de terem se encontrado. Consideram-se felizes por terem se casado com aquele parceiro e mantêm uma postura bastante positiva sobre a vida e o casamento.

Além desses oito fatores, a disposição em dar mais do que receber e em partilhar o humor e a diversão, em geral, traz mais consistência à vida a dois. É claro que vários desses elementos descrevem uma relação de amizade, próximo assunto a ser abordado.

Amigos para sempre

Para o filósofo Aristóteles, a "amizade pode ser definida como uma alma que habita dois corpos". Para viver um ao lado do outro por toda a vida, é preciso aprender a lidar com cuidado e afeto, sem tentar obstruir as mudanças que chegam com o tempo. Desejo de se adaptar, confiança, amor, comprometimento, generosidade, afetuosidade e respeito são os principais ingredientes dos casamentos duradouros.

Se você e seu marido forem como os milhares de casais estudados pelos especialistas em relacionamentos longos, pode esperar uma queda na satisfação com a união após dois anos de casamento e novamente quando se tornam pais. Ao mesmo tempo que o nascimento de um filho afeta o contentamento, também tende a estabilizar a relação, reduzindo as chances de separação. Outros momentos em que a satisfação pode cair são por volta dos 12 e 19 anos de união (ou quando os filhos entram na adolescência e depois saem de casa). Após essa fase, no entanto, vários casamentos melhoram — e muito. Com o final das preocupações constantes com o cuidado com os filhos, os parceiros podem se dedicar um ao outro e a cultivar a chama do prazer da vida a dois (só quem passou pela experiência sabe como é isso).

O valor do que foi conquistado

Há muitos anos, Linda Waite e Maggie Gallagher escreveram o livro *The Case for Marriage: Why Married People are Happier, Healthier and Better off Financially*. Para as autoras, além de um porto seguro emocional, outras vantagens de uma união feliz são os ganhos para a saúde e a vida financeira do casal, com mais chances de superação de problemas emocionais ou de complicações de saúde, como pressão alta, doenças cardíacas, alcoolismo, dependência química, doenças gástricas, câncer e diabetes. Pessoas casadas tendem a levar uma vida mais estável e cuidar um do outro em períodos de doença. Agora que você sabe quais as vantagens que um casamento saudável pode lhe trazer e o que você pode fazer para preservar sua relação, pense nesses valores como essenciais para sua felicidade.

Amor para durar

A paixão nos acomete de surpresa, sem planejarmos, mas o amor pode ser decorrente do esforço que envolve satisfação, compromisso e comunhão. O especialista em relacionamentos Nathaniel Branden organizou uma lista de dicas para manter o amor e preservar o interesse do parceiro:

- Diga ao outro que você o ama;
- Expresse seu afeto de forma concreta, por meio de abraços, beijos, carinho e proximidade física;
- Elogie o outro e manifeste sua admiração;
- Mostre-se ao parceiro sem medo, mantendo um limite claro no que se refere à interferência de outras pessoas de seu convívio;
- Crie um sistema de apoio emocional, aprendendo a ajudar, cuidar e respeitar a opinião do outro, além do interesse pelo que agrada ao parceiro;
- Expresse seu amor com presentes ou surpresas;
- Aprenda a lidar com as necessidades e as imperfeições do outro (recorra ao humor e à leveza);
- Reserve tempo para o casal ficar a sós.

Com informações e esforço, você e seu marido podem ultrapassar os momentos de dificuldades (que incluem a chegada de "intrusas") e aproveitar o que a vida a dois oferece de melhor.

APÊNDICE A – ESCALA DO AMOR[2]

O teste a seguir foi desenvolvido para avaliar o que você sente por seu cônjuge e qual a compatibilidade de vocês como casal. Para responder às perguntas, dê notas de 0 a 10, dependendo da intensidade do seu sentimento. No caso da pergunta "Você gosta do seu parceiro como pessoa?", por exemplo, use a escala abaixo:

0 — Você realmente não gosta.
5 — Você gosta um pouco.
10 — Você o admira muito.

1. Você leva em conta as sugestões do parceiro.
2. Você se sente privilegiada por ter encontrado seu parceiro.
3. Você acha que seu parceiro sabe lidar bem com os próprios problemas.
4. Você identifica no parceiro habilidades e talentos que considera importantes.
5. Você acredita que seu parceiro faz julgamentos com mais bom senso do que a maioria das pessoas.
6. Você considera seu parceiro mais ético do que a maioria das pessoas.
7. Você considera seu parceiro mais inteligente do que a maioria das pessoas.
8. Você respeita seu parceiro.
9. Você e seu parceiro sabem lidar com as diferenças de opinião.

---

[2] The Love Scale, de A. Pam; R. Plutchik e H. Conte. "Love: A Psychometric Approach", *Psychological Reports,* vol. 37, n. 1, 1975, pp. 83-8. Reproduzido com permissão. Copyright 1975.

10. Você e seu parceiro formam um casal harmônico.
11. Você gosta de partilhar experiências com seu parceiro.
12. Seu parceiro não fala em público nada que possa constrangê-la.
13. Seu parceiro de fato a aceita do jeito que você é.
14. Algumas vezes você tem a impressão de ler os pensamentos do seu parceiro.
15. Você tem certeza de que seu parceiro estará a seu lado nos momentos difíceis.
16. Você se sente compreendida.
17. Você se sente disposta a fazer sacrifícios pelo parceiro.
18. Você gosta de cuidar do seu parceiro.
19. Você não se importa de adaptar o jeito de fazer as coisas para agradar a seu parceiro.
20. Você gosta de presentear seu parceiro, sem esperar nada em troca.
21. Você preferiria sofrer a ver seu parceiro enfrentar o sofrimento.
22. Quando seu parceiro sofre, você sofre junto.
23. Você ficaria com muita raiva se alguém prejudicasse seu parceiro.
24. Você seria capaz de morrer pelo parceiro.
25. Seu parceiro se esforça para atender às suas necessidades.
26. Você considera importante participar dos eventos sociais ao lado do parceiro.
27. Seu parceiro se esforça para fazê-la feliz.
28. Você gosta quando seu parceiro se preocupa com suas emoções e seu bem-estar.
29. Você espera que o parceiro preste atenção em você.
30. Você só se sente segura ao lado do seu parceiro.
31. Você espera elogios do seu parceiro.
32. Você sentiria ciúme se seu parceiro se envolvesse com outra pessoa.
33. Você gosta do contato físico com seu parceiro.
34. Você gosta de tocar e abraçar seu parceiro.
35. Quando seu parceiro chega, você se sente excitada e quer expressar o que sente.
36. Você gostaria de expressar afeto pelo parceiro quando ele está em sua presença.
37. Você acha que seu parceiro tem aparência melhor do que a maioria das pessoas.
38. Você gosta de exibir seu parceiro nos lugares aonde vai.

39. Você considera seu parceiro interessante, do ponto de vista físico.
40. Você gosta de acariciar seu parceiro.

Os cinco aspectos abrangidos por este questionário são:

1. Respeito
2. Compatibilidade
3. Altruísmo
4. Afeto
5. Atração física

Para saber seu desempenho em cada categoria, faça as somas parciais dentro de cada grupo de questões:

Respeito: Questões 1-8
Compatibilidade: Questões 9-16
Altruísmo: Questões 17-24
Afeto: Questões 25-32
Atração física: Questões 33-40

Uma pontuação maior indica que esse conjunto de atribuições responde por mais características do seu relacionamento. Avalie a compatibilidade com o parceiro e em seguida compare com os resultados do teste respondido por ele.

APÊNDICE B – MECANISMOS DE DEFESA DO EGO

Agressão: Postura hostil e inaceitável para os padrões da sociedade.

Agressão passiva: Este mecanismo permite ferir ou magoar alguém, mesmo sem saber se o que foi dito ou feito tinha intenção ou não.

Compensação: Mecanismo que se manifesta quando uma pessoa compensa ou tenta repor algo com outro comportamento. Uma mulher que não atende às necessidades físicas do marido, por exemplo, pode tentar compensar o problema comprando presentes e roupas caras para ele.

Contratransferência: Sensação atribuída ao paciente pelo terapeuta. No tratamento psicoterapêutico, o profissional precisa estar atento a esse recurso.

Deslocamento: Este mecanismo transfere para outra pessoa ou objeto a raiva ou outras emoções negativas que, por medo de recriminação, não podem ser direcionadas ao verdadeiro alvo.

Fantasia: Mecanismo mental que permite a transferência para um lugar mais agradável, libertando a pessoa de uma situação desconfortável.

Formação reativa: Ocorre quando, de forma inconsciente, nos comportamos de maneira oposta ao que sentimos.

Fragmentação: Separação das partes internas da consciência de outras partes e adoção de distintos conjuntos de valores. Um exemplo é o caso do marido que trai a mulher, mas mesmo assim atua como líder de um grupo de apoio a casais.

Fuga: Ato de passar de uma situação ou posição para outra.

Humor: Este mecanismo engana muitas pessoas porque, em geral, associamos o humor à felicidade, à leveza e à diversão, mas às vezes o recurso pode vir à custa de outra pessoa. Se o "humor" não tiver graça, mas, ao contrário, for depreciativo e com intenção de ridicularizar, em geral, mascara uma atitude de raiva ou hostilidade.

Idealização: Ocorre quando alguém ou algo recebe mais valor do que o adequado (um exemplo é quando uma pessoa coloca outra em um pedestal).

Identificação: Todos nós usamos esse mecanismo em algum momento da vida. Começa quando somos bebês, nos identificando com nossa mãe (ou com a pessoa que cuida de nós). Em seguida, nos identificamos com o pai ou com outras pessoas do nosso ambiente. Esse processo ocorre durante todo o processo de crescimento e desenvolvimento. Por identificação, assumimos nossas qualidades emocionais e também imitamos características externas. Adquirimos as qualidades positivas e negativas das pessoas com as quais nos identificamos.

Introjeção: Com esse mecanismo, assumimos qualidades, desejos, gostos e restrições que vemos em pessoas consideradas emocionalmente importantes para nós.

Isolamento emocional: Afastamento para se proteger do desconforto. Uma pessoa que se diz tímida, por exemplo, pode usar esse mecanismo para evitar a sociabilização.

Negação: Mecanismo que nos faz recusar a aceitar a realidade de uma situação. É bastante recorrente entre pessoas que cometem abusos, dependentes de álcool, viciados em jogos de azar e pedófilos. Se seu parceiro tem compulsão por sexo, pode argumentar que só procura outras mulheres para aventuras ocasionais, mas que é capaz de interromper o comportamento se quiser. Na realidade, ele jamais mudará essa forma de agir sem a ajuda de um profissional. Não confunda negação com mentiras, pois as mentiras são cometidas de forma consciente e a negação, não.

Projeção: Está relacionada ao processo inconsciente pelo qual transferimos nossos pensamentos inaceitáveis ou dignos de reprovação para outra pessoa.

Racionalização: Este mecanismo nos permite proteger o ego quando estamos em uma situação dolorosa. Encontramos uma razão inconsciente e plausível para aliviar a angústia que nos acomete.

Regressão: Este mecanismo ocorre quando uma pessoa volta para um estágio anterior de desenvolvimento, no qual se sentia mais contente e segura.

Repressão: Este mecanismo nos protege de situações que consideramos emocionalmente intoleráveis e tão dolorosas que não conseguimos trazê-las para um plano consciente sem a ajuda de análise.

Somatização: Ocorre quando a mente transforma de forma inconsciente os desgastes emocionais em sintomas físicos.

Sublimação: Ocorre quando uma pessoa converte algo socialmente inaceitável em uma situação ou condição aceita pelas pessoas e regras sociais.

Supressão: Quando afastamos situações ou emoções dolorosas de nossos pensamentos cotidianos. Em geral, trata-se de um tema menos doloroso do que aquilo que reprimimos, com o qual normalmente não conseguimos sequer começar a lidar sem uma "libertação" inconsciente. Tudo o que é suprimido pode ser elaborado por meio de sessões de análise. (Sempre é melhor contar com o acompanhamento de um profissional de saúde psíquica durante o processo de abordar tudo o que tenha sido suprimido.)

Transferência: As emoções que atribuímos ao terapeuta, que podem representar diversas pessoas de nossas vidas (pais, cônjuge, professor, o autor de algum abuso, filhos, familiares, entre outros), em diferentes etapas do processo terapêutico. Dessa maneira, uma pessoa pode abordar questões (e as pessoas envolvidas) em um ambiente seguro, livre de ameaças, pautado pelo profissionalismo e no sentido de busca de solução por meio do tratamento.

Expiação: Método usado para tentar fazer de forma certa aquilo que sabemos ter sido errado. Se seu parceiro se envolveu em um caso extraconjugal, por exemplo, pode aparecer em casa com os ingressos para o espetáculo ao qual você tanto queria assistir. A ideia desse mecanismo é ajudar a "absolver" o autor do mau comportamento.

Remoção: Por este processo, uma pessoa se retira (física ou emocionalmente) de uma situação que considera inaceitável. O processo permite uma sensação de melhora imediata, mas apenas para postergar a situação inevitável e sua solução para o futuro.

APÊNDICE C - ENVOLVIMENTO SEXUAL[3]

Nas próximas páginas estão relacionadas práticas e atividades sexuais desenvolvidas pelas mulheres.

Para mulheres: Na coluna I, avalie as práticas que você aceitaria se seu parceiro propusesse a você. Apenas as atividades ou práticas consideradas nesta coluna devem ser avaliadas sob o aspecto do grau de confiança que lhe inspiram, em uma escala de 10 a 100 (coluna II).

Apenas para os parceiros: Na coluna I, avalie as práticas que acredita que sua parceira concordaria se você as propusesse. Apenas as atividades consideradas aceitas devem ser avaliadas no que se refere ao grau de confiança que inspiram na sua parceira, segundo uma escala de 10 a 100. Anote suas respostas na segunda coluna. Se alguma atividade não parecer possível de ser aceita, deixe a linha em branco.

---

[3] Sexual Self-Efficacy Scale for Female Functioning (SSES-F), de S. Bailes et al., "Sexual Self-Efficacy Scale for Female Functioning (SSES-F)". In: C. M. Davis et al., *Handbook of Sexuality-Related Measures*, Thousand Oaks, Califórnia: Sage Publications, 1998, p. 531-534. Copyright 1998, S. Bailes et al. Reproduzido sob autorização da Sage Publications.

Atividade		
Pensar no contato sexual sem se sentir ansiosa ou com medo.		
Sentir-se à vontade nua diante do parceiro.		
Estar satisfeita com o próprio corpo.		
Em geral, sentir-se contente com a forma como lida com a própria sexualidade.		
Ter interesse por sexo.		
Sentir desejo pelo parceiro.		
Sentir-se desejada pelo parceiro.		
Demonstrar afeto sem se sentir na obrigação de ter relações sexuais com o parceiro.		
Tomar a iniciativa para o contato sexual.		
Recusar as iniciativas sexuais do parceiro.		
Lidar com a recusa do parceiro diante de uma iniciativa sua para o contato sexual.		
Pedir ao parceiro para se dedicar ao tipo e à quantidade de estímulos considerados necessários para você.		
Oferecer ao parceiro o tipo e a quantidade de estímulos que ele considera necessários.		
Lidar bem com as diferenças de preferências sexuais entre você e seu parceiro.		
Apreciar a troca de afeto sem necessariamente ter contato sexual.		
Apreciar o contato íntimo com o parceiro sem ter intercurso sexual.		
Apreciar as carícias do parceiro (com exceção dos órgãos genitais e seios).		
Apreciar carícias nos órgãos genitais.		
Apreciar carícias nos seios.		

Atividade		
Gostar de acariciar o corpo do parceiro (com exceção dos órgãos genitais).		
Gostar de acariciar os órgãos genitais do parceiro.		
Gostar do intercurso sexual.		
Gostar de um contato sexual no qual você não atinge o orgasmo.		
Sentir-se excitada com a exposição de materiais eróticos (imagens, livros, filmes).		
Sentir-se excitada ao se masturbar sozinha.		
Sentir-se excitada nas preliminares, quando ambos ainda estão vestidos.		
Sentir-se excitada nas preliminares, quando ambos estão despidos.		
Manter-se excitada durante o contato sexual.		
Sentir-se naturalmente lubrificada a ponto de permitir a penetração.		
Manter um contato sexual sem sentir dor nem desconforto.		
Atingir o orgasmo durante a masturbação sozinha.		
Atingir o orgasmo quando o parceiro a estimula de outras formas que não a penetração.		
Atingir o orgasmo durante a penetração e com carícias no clitóris.		
Atingir o orgasmo durante a penetração sem estímulo adicional no clitóris.		
Estimular o parceiro até o orgasmo por outros meios, além do intercurso.		
Atingir o orgasmo em um período razoável de tempo.		

APÊNDICE D – AVALIAÇÃO DE RETENÇÃO DO PARCEIRO[4]

Para responder a esse questionário, preencha o espaço diante de cada item com a quantidade de vezes em que você realizou as medidas citadas durante o último ano. Se o item citado não aconteceu nesse período, escreva "0". Nem todos os itens referem-se a pessoas casadas e alguns foram adaptados para incluir também pessoas solteiras. Não se trata de um teste destinado a somar pontos, mas sim a identificar padrões de comportamento que talvez você não perceba sozinha.

1. Telefonou em horários inesperados para saber com quem seu parceiro estava.
2. Deixou de levar o parceiro a uma festa onde havia outras mulheres.
3. Flertou com alguém na presença do parceiro.
4. Gastou todo o seu tempo livre com o parceiro, de forma que ele não pudesse encontrar mais ninguém.
5. Ficou brava porque seu parceiro estava paquerando outras pessoas.
6. Chorou quando o parceiro optou por sair com outra pessoa.
7. Disse ao parceiro que gostaria de continuar casada.
8. Atacou a aparência de outra mulher.
9. Gastou dinheiro para agradar ao parceiro.
10. Atendeu aos pedidos sexuais do parceiro.
11. Preocupou-se em se vestir com cuidado para agradar ao parceiro.

---

[4] Do capítulo 16, *Mate Retention Inventory*. Todos os direitos reservados. Reproduzido com autorização da Shackelford, Goetz e Buss.

12. Disse ao parceiro que o amava.
13. Prometeu mudar para agradar ao parceiro.
14. Apresentou o parceiro como cônjuge ou namorado.
15. Segurou a mão do parceiro quando outra mulher se aproximou.
16. Pediu ao parceiro para vestir uma peça que você lhe deu de presente (gravata, camisa, casaco).
17. Contou a outra mulher coisas horríveis sobre seu marido, com a intenção de afastá-la.
18. Foi agressiva quando outra mulher olhou para seu parceiro.
19. Agrediu outra mulher que investiu em seu parceiro.
20. Ligou para saber se o parceiro estava onde disse que estaria.
21. Recusou-se a apresentar o parceiro a amigas.
22. Insistiu para o parceiro ficar em casa em vez de sair.
23. Discutiu com uma mulher que se mostrou interessada no seu parceiro.
24. Fez o parceiro sentir-se culpado por conversar com outra mulher.
25. Caprichou na maquiagem para impressionar.
26. Engravidou para segurar o parceiro.
27. Começou a falar mal de outra mulher.
28. Comprou um presente caro para o parceiro.
29. Agiu de forma sexy para afastar o pensamento do parceiro em outra mulher.
30. Usou roupas da moda para impressionar.
31. Esforçou-se para agir de forma simpática, carinhosa e gentil.
32. Contou às amigas o quanto você e seu parceiro estão apaixonados.
33. Beijou o parceiro na presença de outra mulher.
34. Pediu ao parceiro para usar a aliança.
35. Falou mal do parceiro para outra mulher.
36. Olhou feio para uma mulher de olho no seu parceiro.
37. Agiu como uma "escrava" do parceiro.
38. Ignorou o parceiro quando ele começou a paquerar outra pessoa.
39. Permitiu que as amigas perguntassem sobre seu parceiro.
40. Saiu com outro homem para provocar ciúme no parceiro.
41. Comprou flores para o parceiro.
42. Tentou atacar os atrativos de outra mulher.
43. Afastou o parceiro de um evento onde havia muitas mulheres.
44. Ameaçou uma mulher que pareceu se insinuar para seu parceiro.
45. Deu ao parceiro uma joia.
46. Disse a outras mulheres que o parceiro não é inteligente.

47. Monopolizou o tempo do parceiro em um evento social.
48. Ameaçou terminar o relacionamento se o parceiro a traísse.
49. Contou vantagens sobre o parceiro para outra mulher.
50. Atendeu aos pedidos do parceiro.
51. Mobilizou os amigos contra uma mulher interessada no seu parceiro.
52. Aproximou-se do parceiro quando outra mulher se aproximou.
53. Revirou objetos pessoais do parceiro.
54. Apontou os defeitos de outra mulher.
55. Atendeu aos pedidos sexuais do parceiro para mantê-lo interessado em você.
56. Vestiu roupas do parceiro na frente de outras pessoas.
57. Falou a outras mulheres que o parceiro pode ter doenças sexualmente transmissíveis.
58. Elogiou a aparência do parceiro.
59. Perguntou ao parceiro o que ele fez na sua ausência.
60. Reforçou que o casal precisa manter um compromisso total.
61. Levou o parceiro a um bom restaurante.
62. Avisou outras mulheres que o parceiro estava comprometido com você.
63. Disse ao parceiro que a outra pessoa por quem ele se interessa dormiu com quase todo mundo.
64. Apareceu sem avisar para ver o que o parceiro estava fazendo.
65. Brigou com o parceiro quando ele manifestou interesse por outra pessoa.
66. Revelou ao parceiro sua dependência em relação a ele.
67. Tentou melhorar o visual para agradar o parceiro.
68. Olhou com ameaça para outra mulher que se aproximou do seu parceiro.
69. Fingiu-se zangada para que o parceiro sentisse culpa.
70. Em uma festa, não perdeu o parceiro de vista.
71. Agrediu o parceiro por vê-lo paquerando outra mulher.
72. Concordou com tudo o que parceiro disse.
73. Avisou outra mulher para ficar longe do seu parceiro.
74. Comprou um presente caro para o parceiro (como um relógio, por exemplo).
75. Disse ao parceiro que morreria se ele fosse embora.
76. Leu a correspondência do parceiro.
77. Insistiu para que o parceiro passasse o tempo livre com você.

78. Chorou para manter o parceiro por perto.
79. Disse ao parceiro que outra mulher é burra.
80. Ajudou o parceiro quando ele precisou.
81. Atacou a propriedade de alguma mulher que se aproximou do seu marido.
82. Alertou que jamais voltaria a falar com o parceiro se o pegasse com outra mulher.
83. Fez sexo para aprofundar o vínculo entre o casal.
84. Abraçou o parceiro na frente de outras pessoas.
85. Ameaçou se ferir caso o parceiro a deixasse.
86. Demonstrou afeto pelo parceiro.
87. Enfrentou alguém que julgou "avançar" sobre seu parceiro.
88. Revelou a outras pessoas intimidades do casal.
89. Permaneceu perto do parceiro durante uma festa.
90. Em uma festa, começou a conversar com outro homem para provocar ciúme no parceiro.
91. Comprou um presente modesto para o parceiro.
92. Falou a outras pessoas que o parceiro é um problema para você.
93. Sentou-se perto do parceiro na presença de outras mulheres.
94. Tentou tornar-se o mais sexy possível para agradar ao parceiro.
95. Avisou o parceiro que outra mulher tem intenções de usá-lo.
96. Não permitiu que o parceiro conversasse com outra mulher.
97. Apostou na pressão sexual para agradar ao parceiro.
98. Exibiu a foto do parceiro em um local visível, para deixar claro que ele "tem dona".
99. Sentiu ciúme quando o parceiro saiu sem você.
100. Agrediu fisicamente uma mulher que pareceu se aproximar demais do seu parceiro.
101. Afirmou que não viveria sem o seu parceiro.
102. Não deixou o parceiro sair sozinho.
103. Abriu mão de algum desejo para satisfazer a vontade do parceiro.
104. Demonstrou interesse em outro homem para provocar raiva no parceiro.

Este livro foi composto em RdGranjon e impresso pela
Ediouro Gráfica sobre papel polén soft 70g/m²
para a Ediouro em abril de 2010.